La Seguridad de la Información: prehistoria e historia antigua.

ENRIQUE DALTABUIT

1

Contenido

Prefacio

La información se da siempre en relación con estructuras organizadas (sistemas) y sus interacciones. Dados dos sistemas, si el segundo está en un estado determinado y el primero produce un efecto en el segundo sistema, llevándolo a un nuevo estado, se puede decir que el segundo ha recibido información del primero. El primer sistema es el origen y el segundo es el destino de la información. Se ha transmitido un signo, una señal. La información es un recurso que otorga significado o sentido a la realidad, ya que mediante códigos y conjuntos de datos, da origen a los modelos de pensamiento humano.

La comunicación se puede definir como cualquier intercambio de la información entre dos individuos. Para los miembros de la especie humana, es una parte esencial de todas las interacciones sociales. Nos comunicamos con el habla, la escritura lengua, los gestos, el código Braille, el código Morse, y muchas otras invenciones culturales y tecnológicas. Hay incluso una cierta evidencia que utilizamos el olor del cuerpo para comunicarnos.

En este texto solo se discutirá el fenómeno del uso de la información que hace nuestra especie. El propósito es ofrecer en castellano un resumen de una extensa bibliografía de documentos, muchos de ellos disponibles a través de Internet, que puede ser útil a quienes se interesen en alguno de los temas descritos para adquirir conocimientos más amplios. Las referencias que aparecen se verificaron en mayo de 2014.

Esta bibliografía, que aparece al final del trabajo, me parece puede interesar a quienes se dedican a proteger la información que empleamos ya sea en reposo, en tránsito o en uso. Estas lecturas contemporáneas que proporcionan los conocimientos más modernos a los que me refiero están escritas en otros idiomas, y una fracción importante de los estudiantes usa con soltura solo el español. Los estudios formales y de educación continua en seguridad de la información se caracterizan por concentrarse en los aspectos científicos o técnicos de la disciplina, olvidando otros puntos de vista. Quizás este trabajo ayude a subsanar esta característica, que me parece negativa.

Este manuscrito fue elaborado durante mis labores en la Dirección General de Computación y Tecnologías de la Información de la Universidad Nacional Autónoma de México.

Introducción.

Comunicación y vida

La Tierra tiene 4, 500 millones de años y estuvo desprovista de vida durante sus primeros 1000 millones de años. Durante los próximos 3,500 millones gobernaron los genes, transmitiendo las instrucciones que los organismos utilizan para sobrevivir y reproducirse. Durante la mayor parte de ese tiempo la vida consistió de organismos unicelulares, simples criaturas como esponjas, antepasados directos de las bacterias de hoy. 500 millones de años después los primeros animales salieron del mar.

Aun en ese pasado distante los seres vivos se comunicaban con otros ejemplares de su misma especia. Quizás con los de otras especies también. Las formas de transmitir información de un individuo a otro eran y son específicas de cada especie. La comunicación más básica es necesaria para preservar la vida del individuo y también para preservar a la especie. La información intercambiada debe tener algunas características de seguridad para que tenga utilidad. La información total contenida en un individuo recibe el nombre de información en reposo La parte de esa información que requiere un individuo en un momento dado para interaccionar con otros miembros de su especie y con su entorno protegiendo los activos principales, que son su vida y la continuidad de su especie, recibe el nombre de información en uso. Se dice que la información involucrada en una comunicación es información en tránsito. Los tres tipos de información presentan en proporciones variadas una o más de las siguientes propiedades intrínsecas: confidencialidad, integridad, autenticidad y disponibilidad. La falta de la mezcla adecuada de estas características resulta en daños a los activos. Ha fallado la seguridad de la información.

La capacidad comunicativa se refiere a procesos químicos y físicos de la comunicación. La comunicación química es el tráfico vesicular o la comunicación célula-célula vía el plasmodesmo. Por otra parte, las numerosas moléculas de la señalización se producen dentro o son controladas por las membranas celulares. La comunicación física ocurre a través de señales eléctricas, hidráulicas y mecánicas

Por su forma de vida, al parecer estática, las plantas se han considerado y se han tratado tradicionalmente como autómatas del crecimiento. Hoy se reconoce que la coordinación del crecimiento y del desarrollo en las plantas, como en el resto de los seres vivos, es posible solamente usando símbolos (del latín *simbolum*: representación sensorialmente perceptible de una realidad) en lugar de ocurrir en forma puramente mecánica. La comunicación química en y entre las plantas es tan compleja que se han identificado más de 20 diversos grupos de moléculas que son signos que tienen la función de la comunicación. Hasta 100.000 diversas sustancias, conocidas como metabolitos secundarios, están activos en la raíz, por ejemplo. Esta diversidad es necesaria considerando la alta diversidad de los microbios, insectos y plantas en esta zona. Por ejemplo, la defensa continua contra microorganismos patógenos en la raíz requiere la producción constante, la dosificación y la secreción exacta de fitoalexinas, de proteínas defensivas , y otras sustancias.

Los insectos también tienen muchas maneras de comunicarse. En lugar de lo que hacemos los seres humanos, su "lenguaje" es casi enteramente natural. Cada individuo nace con un "vocabulario característico" que se comparte solamente con otros miembros de su propia especie. El aprender contribuye poco o nada a la capacidad de producir estas señales o de entenderlas.

Muchos insectos exhiben comportamientos "sociales" (grupos de alimentación, cuidado parental de los jóvenes, y nidos comunes). En términos generales cualquier insecto que obre recíprocamente con otro miembro de su propia especie podría ser llamado un insecto social. Pero en general, los entomólogos no consideran cualquier comportamiento como suficiente justificación para clasificar una especie como verdaderamente social.

Para calificar como social, una especie debe exhibir las cuatro de las características siguientes:
1. Compartir un nido.
2. Cooperar en cuidar los jóvenes
3. División del trabajo reproductivo. Los individuos estériles (o menos fecundos) trabajan en beneficio de algunos individuos reproductivos
4. Traslape de generaciones. El descendiente contribuye al trabajo de la colonia mientras que sus padres todavía están vivos.

Una cierta forma de comunicación intra específica es un requisito previo para cualquier comportamiento que implique la participación o la cooperación de dos o más individuos. Intencionalmente o no, los insectos pueden también comunicarse con los miembros de otras especies (comunicación inter específica). El valor adaptativo de estas señales de comunicación puede incluir:

1) Reconocimiento de los parentescos o de la pertenencia a una colonia
2) Localizar o que identificar a un miembro del sexo opuesto
3) La facilitación del acto sexual
4) Dar las direcciones para la localización del alimento o de otros recursos
5) Regular la distribución espacial de los individuos. La agregación o dispersión para establecer y mantener un territorio
6) Avisos del peligro; disparar alarmas
7) anunciar su presencia o localización
8) expresar amenaza o sumisión (comportamientos agonísticos)

Los organismos vivos evolucionaron y hace solo 7 millones años los homínidos entraron en escena. La tecnología humana se desarrolló a partir de las primeras herramientas de piedra hace dos y medio millones de años. El desarrollo era imperceptiblemente lento al principio. Transcurrieron centenares de millares de años sin cambio perceptible en las herramientas de piedra y no hay evidencia de artefactos hechos de otros materiales.

Fue sólo cuando nuestra especie surgió dentro de este linaje homínido hace 200,000 años que finalmente apareció un competidor al dominio de los genes. La invención de la cultura en esa época creó un entorno totalmente nuevo para la evolución. Los seres humanos habían adquirido la capacidad para aprender de los demás y para copiar, imitar y mejorar sus acciones. Esto significó que los elementos de la cultura, ideas, lenguas, creencias, canciones, arte, tecnologías podrían actuar como los genes y ser transmitidos a los demás y reproducidos. Pero a diferencia de los genes, estos elementos de la cultura podían saltar directamente de una mente a otra, creando accesos directos evadiendo las rutas genéticas normales de transmisión. Y por lo tanto las culturas vinieron a definir un segundo gran sistema de herencia, capaz de transmitir conocimientos a las generaciones siguientes. Para los seres humanos, entonces, una cultura compartida otorgó a sus miembros acceso a un acervo enorme de información, tecnologías, sabiduría y bienestar

La herencia cultural es algo se da por sentado hoy, pero su invención ha alterado el curso de la evolución y de nuestro mundo. Esto es porque se pueden acumular las buenas ideas, combinándolas y mejorándolas, y descartando otras. La capacidad de llevar de mente a mente los elementos de la cultura provoco un ritmo de cambio mucho mayor que nuestra evolución genética, tal como lo hace el comportamiento de un animal comparado con a la vida más pausada de una planta. Poseer desde el nacimiento una muestra de los genes de los padres no impide disfrutar a lo largo de la vida de un mar de ideas evolutivas. No es de extrañar, entonces, que las culturas rápidamente tomaran las riendas de nuestros asuntos del día a día ya que han superado a los genes en brindar soluciones a los problemas de nuestra existencia. Tener cultura significa que somos la única especie que adquiere las reglas de la vida diaria de los conocimientos acumulados de nuestros antepasados en lugar de los genes que pasan de generación en generación.

En esta larga historia del desarrollo de la cultura, o si se quiere de la tecnología, hay dos eventos especialmente significativos. El primero, ocurrido entre hace unos 100.000 años, probablemente fue hecho posible por los cambios genéticos en nuestros cuerpos: a saber, por la aparición de la anatomía moderna que permite el lenguaje moderno o la función moderna del cerebro, o ambas. Esto condujo a las herramientas de hueso, a las herramientas de piedra con un propósito específico, y a las herramientas compuestas. El segundo resultó de la adopción de una forma de vida sedentaria, que sucedió en diversas épocas en diversas partes del mundo, desde hace 13.000 años en algunas zonas y que no ha terminado todavía en otras.

Origen del lenguaje oral

Los primates, las especies más cercanas genéticamente con el género homo, difieren de otros animales en la intensidad de las relaciones interpersonales. El acicalamiento mutuo es más una expresión de una relación que una cuestión de higiene. Esta necesidad se tuvo que adoptar cuando las tribus crecían más allá de 150 miembros, pues cada uno de ellos empleaba más de la mitad de su tiempo acicalando a sus congéneres. Esta es una carga inaceptable. La aparición del idioma del homo sapiens se debe al crecimiento de los grupos sociales. Cuando un grupo crece su huella ecológica, es decir la superficie que requiere para alimentarse, se hace más grande y la densidad de individuos disminuye. Ya no pueden tener contacto físico frecuente. Ese contacto socializante se substituye por el intercambio de sonidos que dan origen a palabras.

Nadie debe imaginarse que el desarrollo de la lengua se debe exclusivamente a una sola mutación en un gen. Son muchos los cambios que permiten el lenguaje. Algunos son los cambios anatómicos profundos que hacen que el tracto supra vocal humano sea enteramente diferente al de cualquier otro mamífero. La laringe ha descendido de modo que proporciona una columna resonante para producir sonidos (pero, como efecto secundario desafortunado, predispone a los humanos a asfixiarse durante el alimento). También, la cavidad nasal puede cerrarse para prevenir la nasalización de las vocales y así mejorar su comprensibilidad. Estos cambios no pueden haber sucedido en un período corto de 100.000 años. Además la base genética del lenguaje involucra a muchos genes que influencian habilidades cognoscitivas y de motrices.

La vida durante la era paleolítica.

El hombre paleolítico subsistía mediante la recolección y la caza. Dependía de lo que la naturaleza ofrecía. La supervivencia estaba basada en lo que las estaciones permitían obtener y el hombre no tenía control sobre las fuentes de alimentos. Fue en esta época que se desarrollaron formas de producción de utensilios y del control de fuego. El mal tiempo, o una variación en las rutas de migración, podían ser amenazas a la supervivencia. Cundía la desnutrición, el hambre y la inanición. Esta situación duro decenas o centenas de miles de años.

El estilo de vida era nómada pues se requería ir donde hubiera alimento. Al encontrarlo el grupo humano se quedaba en un sitio hasta agotarlo. Quizás se construían refugios temporales, pero no permanentes, que no costaban demasiado esfuerzo. Cada grupo vivía según los límites naturales de su población en cuanto a número y densidad. La población no era numerosa. Se ha estimado que en 10000 BC la población total en todo el mundo era de 10 millones de habitantes. Doscientos mil años antes era mucho menor.

La vida social estaba centrada en la familia extendida. Quizás algunas familias se unían para formas tribus que podían constar de 20 a 50 miembros. La cooperación era esencial. La base de esta cooperación era la reciprocidad, o sea compartir recursos con la tribu y ayudarse mutuamente. Estas tribus tenían posesiones. Creaban, mantenían e intercambiaban herramientas rudimentarias. La acumulación de bienes o comida no era un fin primario. La propiedad de la tierra no tenía sentido aunque alguna tribu consideraba que un lugar era suyo para cazar durante una temporada.

Los primates viven en grupos para protegerse contra la depredación, y el tamaño del grupo aumenta cuando el riesgo de la depredación aumenta. Pero la vida en grupo tiene un coste en términos de tensiones que imponen al individuo. Los primates solucionan este problema formando coaliciones que los protegen contra estos costes, facilitando la cohesión de grupos sociales grandes. Estas coaliciones se afirman mediante el acicalamiento (un proceso que produce la secreción de endorfinas), pero la cohesión de grupos sociales grandes también depende de una forma única de contacto cognoscitivo que permite que los animales entiendan y exploten los estados mentales de otros individuos.

La sociabilidad en los primates es un proceso con dos componentes. Uno implica demandas cognoscitivas importantes, las cuales permiten aumentar el tamaño del grupo que se requiere para que los animales exploten hábitats más peligrosos. Esto lleva necesariamente a aumentos correspondientes del tamaño del cerebro (y explícitamente del tamaño del lóbulo frontal) para manejar las demandas cognoscitivas sociales de tener más relaciones. El otro es un proceso más antiguo basado en la explotación de los mecanismos farmacológicos que desencadena el acicalamiento que facilitan los vínculos que llevan a los procesos de ayuda mutua. Estos posibilitan la cohesión del grupo para trabajar con eficacia.

Mostramos una preferencia notable a recurrir al acicalamiento en las relaciones más íntimas; aquí el lenguaje es inadecuado para comunicar sensaciones internas profundas (y especialmente emociones), y a menudo se recurre a las formas físicas del contacto (frotando ligeramente o acariciando,) que son extremadamente eficaces en la producción de endorfinas. Cuando las endorfinas liberadas por estos comportamientos comienzan a inundar el cuerpo, se experimenta un sentido de calor, una sensación paz con el mundo, de cariño hacia aquellos con quién se comparten tales experiencias íntimas. El efecto es instantáneo y directo: El estímulo físico del tacto estimula las sensaciones internas del acicalador de una manera más directa que cualquier palabra.

La cuestión clave es que la cantidad de acicalamiento de los primates está relacionada directamente con el tamaño de los grupos en que viven, al parecer porque la eficacia en la cual se basa una alianza es una función simple de la cantidad de tiempo dedicada al acicalamiento por sus miembros. Aunque, dentro de una especie, el tamaño de la alianza no varía tanto como el tamaño del grupo, la eficacia con la cual la alianza debe funcionar se correlaciona con el tamaño del grupo. Al aumentar el tamaño del grupo los individuos sufren un aumento de los niveles de la competencia ecológica (las fuentes locales del alimento se agotan más rápidamente, forzando a los animales a buscar más lejos el alimento) y de la tensión reproductiva (el hostigamiento por otros es suficiente para desestabilizar los ciclos menstruales hormonales de una hembra, conduciendo a los ciclos estériles).

Cuanto mayor sea la tensión impuesta al individuo, más eficaces deben ser sus alianzas para protegerlo contra estas tensiones. Porque debe haber un límite superior en la cantidad de tiempo que se puede dedicar al acicalamiento, habrá inevitablemente un límite superior en el tamaño del grupo que puede ser establecido por este mecanismo. El tiempo de acicalamiento está limitado por el hecho que los animales tienen que forrajear. En la práctica, parece que hay un límite superior en la cantidad de tiempo que cualquier grupo dado de primates dedica al acicalamiento, y éste es cercano al 20% del tiempo total de vigilia en cada día. Dada la naturaleza de la actividad, ésta es una cantidad de tiempo muy substancial: aproximadamente una quinta parte del día útil se está dedicando a la inversión social.

Esta cifra es equivalente a un tamaño de grupo de cerca de 80 animales. El problema para los seres humanos modernos es que tenemos un tamaño natural de grupo de cerca de 150 individuos (el equivalente al número de los individuos uno reconoce personalmente). En un cierto punto en nuestra historia evolutiva, llegamos a este límite. La única manera de ir más allá para vivir en grupos de más de 80 individuos fue encontrar un mecanismo alternativo para vincularse en el cuál fuera utilizado el tiempo social disponible más eficientemente.

El lenguaje parece cumplir esa función porque permite un aumento significativo en el tamaño del grupo de interacción. El acicalamiento es una actividad uno-a-uno mientras que los tamaños de grupo de la conversación contienen típicamente a hasta cuatro individuos (invariablemente un locutor y tres oyentes). Además, hablar es algo que podemos hacer simultáneamente con la mayoría de las otras actividades. Consecuentemente, se puede "compartir el tiempo" con eficacia para emplear el tiempo limitado que tenemos disponible. Una muestra de los presupuestos de tiempo obtenidos de una amplia gama de culturas alrededor del mundo indica que el porcentaje medio del tiempo que los seres humanos pasan en la interacción social (principalmente conversación, por supuesto) es el 20% .Es decir nuestra asignación social del tiempo está en el límite superior del visto en los primates; utilizamos simplemente el tiempo más eficientemente porque el lenguaje permite que lo hagamos mejor.

Sin embargo, una característica dominante del lenguaje que es particularmente importante para la vinculación de nuestros grupos sociales inusualmente grandes es el hecho de que el lenguaje permite que intercambiemos información. Su papel en la vinculación social es que permite que no perdamos de vista lo qué está sucediendo en nuestras redes sociales, y además mantener esas relaciones. Careciendo de un lenguaje, los antropoides están limitados en lo que pueden saber sobre sus redes.

Saben solamente lo que ven. Estamos igualmente limitados en lo que se refiere al conocimiento de primera mano. Pero el habla permite que busquemos qué ha estado sucediendo a nuestras espaldas. De hecho, podemos incluso ser proactivos y contarles a nuestros amigos y familiares lo qué hemos visto cuando pensamos que les pueda interesar.

La secuencia evolutiva es ésta: La explotación de hábitat peligroso requiere un aumento de tamaño del grupo; para hacer esto posible, hay que desarrollar la maquinaria cognoscitiva necesaria para sostener las relaciones sociales (esencialmente una corteza cerebral más grande) y para invertir más tiempo en los procesos necesarios de la vinculación. Los seres humanos representan el punto más extremo de esta secuencia dentro de los primates porque la evolución de los homínidos ha sido caracterizada por la explotación de hábitats terrestres cada vez más abiertos. Estas dos características están asociadas a un riesgo creciente de la depredación. Puede ser que en las fases más avanzadas en la evolución de los homínidos (¿el ser humano?), el riesgo de la depredación de otros seres humanos llegó a ser más importante que los riesgos de la depredación por enemigos más convencionales, pero esto no invalida la premisa fundamental de que el riesgo de muerte por depredadores (de cualquier clase) es el factor principal que favorece el aumento de tamaño del grupo.

Una banda humana se dividía en clanes que abarcan un número de las familias extendidas. La poligamia era tradicionalmente una práctica común, así que las familias extendidas podían llegar ser muy grandes. Las habitaciones de la familia pueden estar separadas por varios cientos de metros pero hay siempre una casa central de reunión. Allí se mantiene el fuego que con su calor y luz hace crecer las horas disponibles para la interacción social, y sirve para preparar comida. Ésta es generalmente la residencia del líder del clan. Es el punto focal de la comunidad; y los hombres del clan se reunían allí con frecuencia para hacer negocios y para propósitos sociales. La mayoría de las decisiones importantes se daban allí. Si algunas decisiones requieren gastos se tienen que acordar con las mujeres de la tribu, que son guardianes de la abundancia de los hombres (que toma generalmente la forma de ganado y de excedente de granos).

En las sociedades letradas, leemos para ser informados, para ser inspirados, para ser educados o para ser entretenidos. En sociedades preliterarias, tales divisiones son ajenas. Los mitos, las historias y las tecnologías tribales se recuerdan como historias, canciones y danzas. Los poetas cuentan de nuevo los orígenes de la tribu y de su tierra; y al hacerlo pueden impartir lecciones sobre cómo buscar la comida, y cómo manejar el ambiente. Las danzas tribales pueden ser interpretaciones rituales de la tecnología, con los movimientos proporcionando lecciones en cómo construir una casa o fabricar un utensilio. Alternativamente, pueden ser utilizadas para organizar. La mayor parte de las danzas son estándar e invariables. La excepción es la danza de la guerra, que se utiliza para ayudar a hacer el plan de batalla

El lenguaje se convirtió en parte de esta historia porque, en un cierto punto de la historia evolutiva de los homínidos, el tamaño de grupo requerido excedió el que se podría alcanzar con el acicalamiento; la limitante en este contexto es que la inversión del tiempo requerida para acicalar queda limitada en última instancia por las demandas del forraje. El lenguaje permitió a los homínidos cruzar esa frontera porque permite que el tiempo sea utilizado con más eficacia: permite interactuar recíprocamente con varios individuos simultáneamente y que intercambiemos información sobre el estado de nuestra red social (como carecen del lenguaje, los antropoides están limitados en el conocimiento de su red a lo que ellos mismos ven).

Un poco de anatomía

La anatomía del cuello humano es diferente a la del resto de los mamíferos terrestres. Darwin mismo observó "el hecho extraño de que cada partícula del alimento y de la bebida que tragamos tiene que pasar sobre el orificio de la tráquea, con un cierto riesgo de caer en los pulmones." Los demás mamíferos mantienen vías separados para respirar y alimentarse. Además, nuestro paladar relativamente corto y nuestra quijada más baja son menos eficientes para masticar que la de los de primates no humanos y la de nuestros antepasados, y proporcionan menos espacio para los dientes.

El habla es un modo especial de comunicación, que proporciona la transmisión informativa rápida necesaria para un lenguaje complejo. Aunque ha habido muchas tentativas de idear sistemas que permitan que los seres humanos comunicarse usando el sonido, como el código Morse, los tonos, y la música, tales sistemas requieren que los oyentes presten una atención completamente enfocada para interpretar la secuencia de sonidos y de sus significados. Esto da lugar a una tasa de transmisión informativa que es demasiado lenta. El habla es diferente. Cuando una persona escucha, descifra las señales acústicas mezcladas con un proceso perceptivo complejo que depende del "conocimiento inconsciente" del oyente de la fisiología de la producción del habla

En su forma más básica, hablar es una vocalización producida durante la expulsión del aire de los pulmones mientras se respira. En reptiles y mamíferos, la laringe, o el sistema vocal, convierte la energía turbulenta del aire que viene de los pulmones en frecuencias más altas, audibles con un proceso llamado fonación

En los seres humanos y otros mamíferos, la laringe es una estructura compleja hecha de cartílago, músculos, y de otros tejidos blandos. Las membranas vocales de la laringe, que se sitúan en la prominencia conocida como manzana de Adán, actúan como válvulas que se abren y se cierran rápidamente durante la fonación, lanzando soplos del aire con una frecuencia determinada por velocidad de la circulación de aire de los pulmones y el grado de tensión en los músculos de la laringe. La tasa con la cual se lanzan estos soplos del aire se conoce como la frecuencia fundamental de la fonación, que se relaciona con el tono de la voz de una persona. En los seres humanos, las vocalizaciones se modifican en el tracto vocal por la colocación de la lengua, de los labios, y de la laringe. Esto altera la forma de la onda mientras que pasa, permitiendo que se filtren picos locales de energía. Consecuentemente, el tracto actúa en la señal acústica más o menos de la misma manera que el tubo de un órgano de una longitud y de una forma particulares determina la frecuencia de la energía acústica en una nota musical. Sin embargo, mientras que todas las notas producidas por los tubos del órgano ocurren en los múltiplos matemáticos de la frecuencia más baja, el tracto humano es extremadamente maleable y constantemente se deforma. Por lo tanto, los seres humanos pueden producir una amplia gama de patrones de frecuencia que forman la base para el lenguaje humano

La configuración peculiar del tracto vocal de los seres humanos modernos se transforma lentamente durante curso de nuestra vida. Comenzamos la vida con un tracto vocal similar al de la mayoría de los primates no humanos y de otros mamíferos. En la infancia, nuestras lenguas se colocan casi enteramente en la cavidad bucal, permitiendo que nuestra laringe se enlace con la nariz y forme una vía de aire sellada; podemos amamantar y respirar simultáneamente. Consecuentemente, los infantes humanos, como la mayoría de los otros mamíferos, pueden ingerir el aire y el líquido al mismo tiempo

Sin embargo, a diferencia de la mayoría de los otros mamíferos, durante los primeros dos años de nuestras vidas, el techo de nuestra boca se flexiona con respecto a la base de nuestro cráneo, limitando el espacio disponible en la faringe para el tracto y el esófago. Además de limitar la longitud de nuestras bocas (y por lo tanto la porción horizontal de nuestro tracto vocal), la consecuencia más obvia de este aspecto de nuestra anatomía es que nuestras caras parecen "planas" y "remetidas" comparadas con la de los monos (como las de nuestros antepasados los australopitecos).

Durante la niñez nuestras lenguas descienden gradualmente en la faringe, debajo del nivel de la quijada inferior. Al descender la lengua desciende la laringe con ella, un proceso que no se termina hasta los 6-8 años de edad y logramos un tracto vocal completamente humano. En este punto solamente podemos capaces producir las vocales [i], [u], y [a], cuyos patrones de frecuencia las hacen resistentes a la confusión auditiva y que tienen patrones estables de frecuencia que resisten errores leves en la articulación. Particularmente la vocal [i] es un índice acústico ideal de la longitud del tracto vocal, longitud que es un factor necesario para producir los fonemas codificados. Sin estas vocales el lengaje todavía sería posible, pero menos eficaz Las ventajas derivadas de tener un tracto vocal con estas características son equilibradas, sin embargo, por una amenaza biológica seria: el riesgo de muerte resultado de una laringe bloqueada.

Pero si el diseño de la garganta y de la boca en el hombre está lejos de ser óptimos para comer y respirar, es extremadamente satisfactorio para producir sonidos. Todos los mamíferos producen sonidos orales pasando el aire de los pulmones a través de las membranas vocales, que están en la laringe El riesgo de asfixia a la cual nos exponen resulta de que nuestra laringe está situada bajo la garganta. Esta posición baja permite que utilicemos la cavidad formada por la garganta como filtro de los sonidos. Variando la posición de la lengua y de los labios, podemos variar las frecuencias que se filtran y producir así diversos sonidos de las vocales tales como la i (como en asiento), la u (como en estúpido, y la a (como en mamá). Los sonidos [i], [u], y [a], son las tres las vocales que son distinguidas más fácilmente por los oyentes humanos. Vemos así una compensación en la evolución de la garganta y hablamos, perdiendo seguridad y eficacia al comer, aumentando la seguridad mediante el lenguaje. Esto sugiere que la evolución de la lengua debe haber proporcionado ventajas para la supervivencia y la reproducción que superan estas otras desventajas.

Para producir la gama completa del sonido del habla el tracto vocal debe tener porciones horizontales y verticales de una longitud aproximadamente igual. Además las partes de nuestra anatomía implicadas en el habla, la lengua, la laringe, y el hueso hioides al cual se unen, satisfacen una función más básica que permitir que comamos: hablar. Al deglutir, nuestro hueso hioides se mueve hacia arriba y hacia adelante cerca de 13 milímetros para abrir el esófago, el camino al estómago. Eso mueve la laringe a una posición que impide que el alimento caiga en ella. Una laringe situada en el cuello puede ejecutar estas maniobras. En los primates, incluyendo a los seres humanos, el hioides y la laringe deben residir en el cuello, debajo del nivel de la quijada pero por encima de los huesos del esternón y de la clavícula. Un hioides colocado demasiado arriba cambiaría los músculos del tirante muscular que conectan el hioides con la superficie inferior del cráneo e interferiría con su capacidad de elevar el hioides. Esta configuración afectaría seriamente la deglución. Un hioides demasiado bajo y una laringe colocada en la garganta haría que los huesos del esternón y de la clavícula impidieran el movimiento ascendente y hacia adelante de la lengua y del hioides, mientras que los músculos del tirante que conectan el hioides y la laringe con el esternón dejarían de presionar y de estabilizar al hioides. Esta configuración también afectaría seriamente la deglución.

Un Poco de *Antropología*

Usando esta información se puede reconstruir la localización probable de los tractos vocales de nuestros antepasados homínidos y de los parientes colaterales tales como los Neandertales. Para hacerlo se examinan las superficies inferiores de cráneos fósiles para determinar la longitud de la porción horizontal de su tracto. Análogamente, se utilizan las vértebras cervicales fosilizadas para reconstruir la longitud del cuello, lo que proporciona una pista importante sobre la longitud de la porción vertical de su tracto.

Se ha encontrado que los cuellos de los Neandertales eran demasiado cortos y sus caras demasiado largas para acomodar los tractos requeridos. Asimismo, en la anatomía reconstruida de los Neandertales, la laringe habría tenido que estar en el tórax detrás del esternón y de las clavículas, demasiado abajo para deglutir eficazmente. Estos homínidos poseyeron probablemente tractos que tienen una dimensión horizontal más de larga que su vertical, sugiriendo que habrían sido incapaces de producir la gama completa de los sonidos hechos por los seres humanos de hoy. Los homínidos tempranos Homo Erectus y los Neandertales, por lo tanto, habrían tenido muy probablemente tractos intermedios en forma entre los de chimpancés y seres humanos. Si los homínidos de Neanderthal hubieran tenido la capacidad perceptiva completa de los seres humanos modernos, sus comunicaciones habrían tenido un índice de error 30% más alto que los nuestros

También existían en Europa al mismo tiempo los cromañones, otra especie de homínidos que parecen haber sido levemente más altos pero con huesos más ligeros y músculos menos poderosos que los Neandertales. La fuerza superior de los Neandertales habría sido una ventaja para la caza y para cualquier encuentro competitivo con sus "primos" pero los cromañones parecían tener una ventaja importante en su favor: un tracto vocal moderno capaz de producir todos los sonidos del habla. Por lo tanto es tentador especular que la desaparición de los Neandertales hace aproximadamente 35.000 años y la supervivencia y la evolución continuada de los cromañones se debió por lo menos en parte a la capacidad lingüística superior de nuestros antepasados.

La investigación genética también proporciona un entendimiento de la evolución de las capacidades de lengua humana. Estudiando a los miembros de una familia inglesa extendida (llamada KE) que comparten varios desórdenes del habla (así como inhabilidades cognoscitivas y lingüísticas)

investigadores en Inglaterra han identificado el gene FOXP2. Este gene, a veces llamado el "gene del habla", gobierna el desarrollo embrionario de las estructuras de los nervios que regulan el control motor, aspectos de la cognición, emociones, e incluso el desarrollo del tejido pulmonar. Los individuos que carecen de la variante humana normal de este gene no pueden colocar sus lenguas de una forma que permita hablar claramente.

Esta evidencia puede sugerir que el habla moderna apareciera solamente después de que este gene se desarrollara en su variante normal moderna. Las comparaciones con la versión del gene encontrado en ratones y chimpancés indican un alto grado de semejanza a la versión humana. Solamente tres mutaciones separan a los ratones de los seres humanos, mientras que solamente dos nos separan a nosotros de los chimpancés. En todos los casos, en todas las especies, el aminoácido transformador en la familia de KE es el mismo. La forma principal del empalme de la proteína codificada por el gene tiene 715 aminoácidos de largo y la proteína es idéntica a la de los chimpancés, gorilas y macacos de la India. El FOXP2 del ratón se diferencia en apenas un aminoácido en estas tres especies. Sin embargo, el FOXP2 humano se diferencia del macaco, del gorila, del chimpancé y del macaco de la India en dos aminoácidos más (y se diferencia del ratón en tres aminoácidos). Así pues, en 75 millones de años de divergencia de los linajes del ratón y del chimpancé solamente ha ocurrido un cambio en FOXP2, (y eso se equipara a 150 millones de años de evolución pues no sabemos si la mutación ocurrió en el ratón o en el primate) mientras que en seis millones de años desde la divergencia de los linajes del hombre y del chimpancé han ocurrido dos cambios en el linaje humano

De acuerdo con técnicas genéticas moleculares, la forma humana del gene parece haber aparecido en los últimos 200.000 años. Este intervalo de tiempo corresponde con la aparición de seres humanos modernos, sugiriendo que esta variante genética pudo haber conferido el control motriz sobre el habla que condujo a la evolución de la anatomía especializada que hace posible hablar.

El estudio de la evolución de la nuestra zona vocal también proporciona referencias indirectas a la evolución de nuestro cerebro. Obviamente, la garganta y la boca no se habrían desarrollado de la manera que lo hicieron para facilitar la producción y la comprensión de la lengua mientras que comprometían comer y respirar si el cerebro no hubiera sido capaz de producir y de comprender lengua.

Evolución del lenguaje

Hay tres grandes etapas en la evolución de las bases neurológicas del lenguaje. Primero fue la lateralización del cerebro, lo que significa que cada mitad se ha especializado en diversas funciones. El hemisferio izquierdo proporciona la mayor parte de los circuitos neuronales necesarios para la producción de la lengua. Aproximadamente el 90% también controla la mano dominante (derecha) utilizada para las tareas que implican control motor fino, sugiriendo que la lateralización puede haber evolucionado originalmente en respuesta a la presión de selección para los movimientos finos de la mano.

Fabricar y usar de herramientas requiere el uso asimétrico de los dos brazos, y en el hombre moderno, esta asimetría es sistemática. Una mano, generalmente la izquierda, actúa como el punto de equilibrio; el otro, el derecho, actúa como la moviéndose en tales actos como picar, por ejemplo. Cuando se necesita solamente una mano, generalmente se utiliza la derecha. Se puede suponer que la asimetría cerebral de la función durante el uso de herramientas, el hemisferio izquierdo, por motivos inciertos, se convirtió en el hemisferio especializado para la colocación precisa de la mano. Cuando apareció un sistema gestual para el idioma, estaría también controlado principalmente por el hemisferio izquierdo. Que la lateralización del cerebro tiene orígenes pre lingüísticos es apoyada por los recientes resultados del uso de las manos y lateralización entre primates no humanos.

La segunda componente de la evolución del lenguaje implica la evolución de las estructuras del cerebro responsables del control voluntario, intencional del habla. Aunque generalmente damos por sentada la naturaleza voluntaria e intencional del lenguaje hay que contrastar el uso humano del lenguaje con la comunicación de otros animales. Las vocalizaciones de chimpancés están estrechamente vinculadas a la emoción. La producción de un sonido en ausencia del estado emocional adecuado parece ser una tarea casi imposible para un chimpancé. Un chimpancé puede aprender a suprimir las llamadas en situaciones cuando la producción de sonidos puede llamar la atención sobre el individuo, ponerlo en una situación peligrosa o desagradable. Pero no pueden mentir para lograr beneficios. La dificultad en ocultar noticias para lograr un beneficio contrasta fuertemente con la facilidad con la cual los seres humanos pueden usar lenguaje para engañar y manipular a otros, para hablar del pasado y planificar para el futuro.

La tercera componente en la evolución del lenguaje humano involucrado la capacidad de colocar sonidos y palabras en un orden específico y a percibir este orden como significativo. En todos los idiomas, el orden en que se produce y perciben palabras y las partes de las palabras es crucial para el significado. La frase "María vio a Juan" transmite que un significado diferente de "Juan vio a María". De todos los sistemas de comunicación utilizados por los animales de la tierra, parece que sólo el lenguaje humano deriva su fuerza expresiva de la recombinación de un número finito (aunque grande) de palabras y partes de palabras en un número infinito de órdenes secuenciales diferentes. Las formas en que las palabras pueden ordenarse y cómo se relacionan estas diferentes órdenes con significado es la sintaxis

La evolución del control motriz para hablar constituyo la base para el desarrollo de la sintaxis. Esto es porque ni siquiera una palabra simple como gato requiere una coordinación precisamente temporizada secuencial de los movimientos de la lengua, labios y mandíbulas. El orden de los sonidos en las palabras también hace una diferencia en cuanto a su significado. El control motriz es la base pre adaptativa, es decir, el punto de partida, para la sintaxis. Una vez que la sintaxis se convirtió en un factor en la comunicación humana, las ventajas selectivas que confiere habrían fijaron el escenario para la selección natural que específicamente fomenta estas habilidades independientemente del control motriz.

La importancia del idioma y las ventajas que proporciona en la comunicación, la coordinación de nuestras actividades, y el pensamiento sugiere que, además de ser un producto de nuestra evolución, también jugó una parte grande en la conformación de nuestra evolución, particularmente la de nuestro cerebro. La selección natural es responsable de una comunicación más rápida y más confiablemente y es responsable de la segunda etapa de la evolución de estos mecanismos de la evolución del cerebro humano moderno. La comunicación coloca la carga funcional más pesada en los "circuitos" del cerebro.

En definitiva, la evolución para la comunicación eficiente y rápida dio lugar a un cerebro que tiene dispositivos de procesamiento de la información extremadamente eficientes que mejoran nuestra capacidad para utilizar la sintaxis. Estos mecanismos cerebrales que también pueden ser la clave de la capacidad cognitiva humana., El lenguaje humano es creativo; su morfología y sintaxis regidas por reglas nos permiten expresar "nuevas" frases que describen situaciones novedosas o transmiten ideas novedosas. La clave para una mayor capacidad cognitiva asimismo parece ser nuestra habilidad para aplicar conocimientos previos y "las reglas" o principios a nuevos problemas.

Asimismo, ciertas estructuras y funciones preexistentes del cerebro humano y del tracto vocal pueden haber sido tomadas, o sea aprovechadas, para su uso en el habla. Sin embargo, esto no puede por sí mismo explicar cómo encajan las maneras en que el cerebro, el tracto vocal y lenguaje para crear un sistema total que está adaptado para servir a las funciones para las cuales se utiliza lenguaje. El proceso de variación acumulada es ciego y la selección es actualmente el único proceso que puede explicar la aparición de la complejidad adaptativa que se ve en el diseño del lenguaje y el diseño del cerebro humano y de su tracto vocal. El habla muestra signos de diseño complejo para la comunicación de las estructuras proposicionales como su única explicación

Comunicación Oral

La oralidad primaria es la de culturas que desconocen por completo la escritura. Donde quiera que haya seres humanos, tendrán un lenguaje, y en cada caso uno que existe básicamente como hablado y oído en el mundo del sonido.

Los seres humanos en las culturas orales primarios, ésos desconocedores de la escritura en cualquier forma, aprenden mucho y poseen una gran sabiduría práctica, pero no 'estudian'. Aprenden a través de ejemplos — caza con cazadores experimentados, — de discipulado, que es una especie de aprendizaje, escuchando, repitiendo lo que escuchan, dominando los proverbios y las maneras de combinar y recombinarlos, asimilando otros materiales con fórmulas ya conocidas, por su participación en una especie de retrospección corporativa — no por estudio en sentido estricto.

Lo que es una fórmula oral y cómo funciona depende de la tradición en la que se utiliza, pero hay un amplio terreno común en todas las tradiciones para hacer válido el concepto. Fórmula y formulario y formulista es una referencia muy genérica a frases hechas o expresiones determinadas (por ejemplo, Proverbios) en prosa o en verso que tienen una función en la cultura oral más crucial y penetrante de la que pueden tener en una cultura manuscrita o impresa o electrónica.

En las culturas orales las palabras son poderosas, son sagradas, son mágicas: traen cambios físicos al mundo. Deben ser habladas con gran cuidado. Quien habla debe ser cuidadoso, claro y resoluto pues le tomaran su palabra. Hay una conexión entre lo sagrado y lo verbal; ser descuidado en la presencia de palabras es violar una moral fundamental.

Los relatos explican, justifican, sostienen, dan lecciones de humildad y de perdón. Y a veces lesionan y destruyen. Quizás los mejores relatos son los que molestan, que sacuden de la complacencia, que amenazan la tranquilidad. La presencia de la palabra conlleva un riesgo. Sólo el lenguaje tiene el poder de crear (y de destruir).

La importancia del lenguaje se aprecia en una traducción no trinitaria de un evangelio:
"En el principio era el verbo, la palabra estaba con Dios y el verbo era Dios y la Palabra era divina. Todo se hizo por ella y sin ella no se hizo nada de cuanto existe. En ella estaba la vida y la vida era la luz de los hombres, y la luz brilla en las tinieblas, y las tinieblas no la vencieron. La Palabra era la luz verdadera que ilumina a todo hombre que viene a este mundo. En el mundo estaba, y el mundo fue hecho por ella, y el mundo no la conoció. Y la Palabra se hizo carne, y puso su Morada entre nosotros."

La función central de la narración es reflejar las fuerzas, internas y externas, que rigen nuestras vidas, tanto buenas como malas. El corazón de la tradición oral es el relato. Los relatos son remansos de reflexión en la que nos vemos a través del prisma de la imaginación. Los mitos son cuentos tradicionales transmitidos de generación en generación, que explican por qué el mundo es como es. Característicamente implican a seres inmortales y contienen magia o fenómenos sobrenaturales que intentan explicar las cosas como fenómenos naturales: el origen de los seres humanos, las costumbres, los derechos religiosos de un pueblo, eventos fuera de control de las personas

A través de mitos y leyendas podemos conocer los órdenes sociales y la vida cotidiana:

- Cómo están estructuradas las familias
- Cómo funcionan las estructuras políticas
- Cómo se pescan peces
- Como hacían sentir a la gente las ceremonias en las que participaban
- Cómo fue dividido el poder entre hombres y mujeres
- Cómo se prepara la comida
- Como se celebraba el honor en la guerra

Los mitos enseñan los valores e ideales de una cultura-lo que esa cultura considera importante. Los mitos son los relatos que utiliza una cultura para crear coherencia en su vida, los valores y los símbolos. Los mitos en una cultura cuentan la historia de su origen y su comprensión de las cuestiones más importantes de la vida y la muerte. Los mitos no son historias aisladas: expresan toda la vida de una cultura, todo lo que es y todo lo que se valora. Los mitos y leyendas se cuentan no sólo por diversión, educación o diversiones: se creen. Dan forma concreta a un conjunto de creencias y tradiciones que enlaza a la gente hoy a antepasados de siglos y milenios pasados. Los mitos y leyendas de la creación humana y su origen reflejan en infinidad de formas una creencia común: que la gente es una parte viva del mundo natural, hermano y hermana del grano y los árboles, el búfalo y el oso.

Los hechizos, oraciones y canciones son característicamente breves y contienen patrones, repetición y fórmulas, todos los cuales los hacen más fácil de recordar. Estas ecuaciones verbales son recitadas en momentos específicos, significativos para un fin determinado (nacimiento, matrimonio, viajes, enfermedad, caza, época de la cosecha).

Hechizo: un conjunto de directivas
Plegaria: una solicitud
Canción: una descripción

El hecho de que los pueblos orales comúnmente, y con toda probabilidad en todo el mundo, consideren que las palabras entrañan un potencial mágico está claramente vinculado, al menos de manera inconsciente, con su sentido de que la palabra por necesidad es hablada y por lo tanto accionada por un poder.

Los pueblos orales comúnmente consideran que los nombres (una clase de palabras) confieren poder sobre las cosas. Las explicaciones para el hecho de que Adán ponga nombres a los animales, en Génesis 2:20, normalmente llaman una atención condescendiente sobre esta creencia arcaica supuestamente pintoresca.

La permanencia de la información en las culturas orales dimensiona algunas prácticas: "con la ausencia total de escritura, no hay nada fuera del pensador, ningún texto, que le facilite producir un mismo curso de pensamiento otra vez, o aun verificar si lo ha hecho o no" .De ahí el énfasis a la mnemotecnia, las fórmulas y las maneras de expresar experiencia con palabras que pueden producir su recuerdo.

Por ello entendemos mejor por qué en las culturas orales las expresiones tradicionales no pueden ser alteradas. Así entendemos los epítetos y otras fórmulas. Además se da una explicación sobre la linealidad del pensamiento una vez aparecida la escritura porque lo expresa así, de manera cronológica o linealmente organizada y precisa, sin repeticiones. En cambio, las culturas orales privilegian y estimulan la fluidez, el exceso, la verbosidad.

La originalidad narrativa en las culturas orales no radica en inventar relatos nuevos, sino en lograr un a cercamiento particular con "este" público en "este" momento; en cada narración, el relato debe introducirse de manera singular en una situación única, pues en las culturas orales debe persuadirse, a menudo enérgicamente, a un público a responder.

La transmisión de la información.

En ausencia de la escritura, la única forma de comunicación verbal es la palabra hablada; y los únicos almacenes del conocimiento son las memorias de los miembros individuales de la comunidad. La transmisión de ideas y de la creencia en tal cultura ocurre solamente en encuentro cara a cara. Esto tiene implicaciones fundamentales para la seguridad de la información. La autenticidad se garantiza puesto que los interlocutores están frente a frente: saben con quién están hablando. La integridad de la información se basa en loa valoración que haga un interlocutor del otro en términos de su veracidad y de sus conocimientos. La integridad se basa pues en la opinión que se tenga del interlocutor. Quienes mienten o imparten información no confiable muy pronto adquieren una mala reputación. La confidencialidad depende de las circunstancias en las que ocurra de la conversación, y del cuidado con que los interlocutores vigilen su entorno. La disponibilidad existe si se da la conversación.

La porción de estas conversaciones que se consideraba suficientemente importante para recordar y transmitir a las generaciones siguientes forma la base de una tradición oral, que sirve como el depósito principal para la experiencia colectiva y la creencia, las actitudes, y los valores generales de la comunidad.

La poesía y la narrativa comenzaron en el tiempo prehistórico y nadie puede saber cómo o cuando se originaron. Pero una cosa es cierta. Nuestros antepasados biológicos no dejaron de ser meras especies animales hasta que se había desarrollado la capacidad para la lengua y la narración rítmicas. Son por lo menos indispensables para cualquier definición práctica de la humanidad. La única manera que cualquier conocimiento sobreviviera de una generación a otra estaba era la tradición oral. Hablar rítmicamente fue el primer gran medio de la comunicación para las ideas complejas, y había ciertamente hombres con esta habilidad asombrosa mucho antes cualquier persona en la tierra supiera escribir.

Una gran parte del habla en cualquier lengua es efímera, y se emplea para propósitos simplemente transitorios. Pero cierta proporción de la comunicación hablada debe sobrevivir. Expresar esas ideas de utilidad probada en forma duradera da origen a los modos especiales, poéticos d de hablar. Existen en todas las lenguas para asegurar el recuerdo y la continuidad de esas ideas vitales en las tradiciones orales.

Las culturas orales deben conceptualizarlo todo con más cercanía al mundo objetivo humano, asimilando el mundo objetivo ajeno a la acción recíproca, conocida y más inmediata, de los seres humanos. Por ello, en estas culturas y sus hablantes no hay listas neutras o estadísticas o datos divorciados de la actividad humana. La escritura es la que propicia todas estas abstracciones que separan el saber del lugar donde los seres humanos luchan unos contra otros. Aparta al que sabe de lo sabido.

Un repaso al Antiguo Testamento, Los Vedas y otras fuentes sirve para mostrar las marcas de la oralidad en las prácticas religiosas y en sus escrituras. La compleja naturaleza de la oralidad, su dependencia del contexto, a la singularidad de la palabra escrita, la gestualidad, el cuerpo como contexto y la conformación del grupo o comunidad de oyentes la distingue de la escritura,

La mayoría de los relatos épicos orales – Ilíada, Odisea o Beowulf- tienen indicios que acusan los repertorios que sus "audiencias" esperaban y de haber sido relatos orales en presencia de un público en espera de oír viejas aventuras adecuadas al momento de su audición. Así comprenderemos que la relación entre los epítetos, las enumeraciones, la secuencia de los eventos (episodios) o las reiteraciones de un "texto" tienen su explicación en el origen oral-prosódico, sonoro si se quiere, de una forma de contención de información, al tiempo que un ejercicio de memoria cultural. Para la tradición oral, lo "nuevo" que se va insertando en una narración está modelado previamente en una especie de archivo de situaciones.

Los inicios de la filosofía griega estuvieron relacionados con la estructuración del pensamiento originada por la escritura. La comprensión como consecuencia de la tecnología de la palabra aborda los resultados que esta forma de consignación de la información trajo y dejó en las sociedades que la adoptaron. Desde los indicios de las adecuaciones de una forma a la otra, en la que se pueden rastrear alusiones a un público o auditorio, el pensamiento, plasmado en diversos soportes, se escolarizó por medio y desde la escritura.

Además se creó la peligrosa relación entre certeza, verdad y presencia "por escrito" de las ideas. Hay que comparar las objeciones platónicas a la escritura con las objeciones que se hicieron en su momento a las computadoras. Ideas como "la escritura destruye la memoria", "la escritura debilita el pensamiento", "un texto escrito no produce respuestas", "la palabra escrita no puede defenderse", "la escritura es pasiva" son algunas de las afirmaciones que se argumentan y se discuten

El hecho más notable respecto al alfabeto sin duda es que se inventó una sola vez. Fue creado por un pueblo o pueblos semíticos alrededor del 1500 a.C., en la misma zona geográfica donde apareció la primera de todas las grafías, la escritura cuneiforme, pero dos milenios más tarde que ésta. Todo alfabeto en el mundo se deriva en una forma u otra de la creación semítica original.

Podemos imaginar mejor este proceso por analogía con una partitura que anota la función y el funcionamiento de la música. La mayoría de los músicos nunca progresar hasta el punto donde pueden leer una compleja partitura musical a primera vista. En cambio los estudiantes de música aprenden a leer partituras y luego gradualmente aprende y realiza progresivamente más difíciles piezas musicales. A veces, por supuesto, un estudiante practica tal música escrita hasta el punto donde puede tocarlo de memoria. Sin embargo, incluso si un músico ha aprendido una pieza bien a menudo encontrará útil tener una copia de la partitura a la vista para no olvidar nada. Además, especialmente antes de la grabación electrónica, la partitura escrita era la forma de transmitir obras musicales de una generación a otra con precisión. En todo momento la partitura musical escrita funciona como una ayuda al aprendizaje, la ejecución y la transmisión en una actividad principalmente auditiva: tocar música.

En los últimos 40 años, ha habido una explosión de la investigación sobre, la evolución del lenguaje y existe la sensación de que se han realizado progresos considerables. Pero la riqueza de ideas va acompañada de una pobreza de pruebas. Esencialmente no hay una explicación aceptada de cómo y por qué el uso del habla evoluciono.

- Los estudios de los animales no humanos no proporcionan paralelos relevantes a la comunicación lingüística humana y a la capacidad biológica subyacente;
- La evidencia fósil y arqueológica que explica nuestra comprensión de las representaciones de nuestros primeros antepasados, deja sin resolver detalles de sus orígenes y de la presión selectiva;
- Nuestra comprensión de la genética de la lengua es tan pobre que hay poca esperanza de conectar los genes a los procesos lingüísticos en el futuro inmediato;
- Todos los intentos de modelado han hecho suposiciones infundadas y no han proporcionado ninguna prueba empírica, por lo cual no son comprobables las hipótesis sobre los orígenes de la lengua.

Las preguntas más fundamentales sobre los orígenes y la evolución de nuestra capacidad lingüística siguen siendo tan misteriosas como siempre. Hay que recordar que en 1866 la Société Linguistique de Paris prohibió que se presentaran ponencias o publicaran trabajos sobre el origen y evolución del lenguaje por la pérdida de tiempo que representaban.

Substitutos del lenguaje oral.

La conversión de los sonidos del habla en símbolos equivalentes para la transmisión en sistemas de señalización ha sido tema de investigación durante más de medio siglo. La amplia variedad de técnicas por las cuales se producen las señales incluye silbar, la substitución silábica, y una gran cantidad de instrumentos.

La clasificación que se usa se relaciona con el tamaño del fonema o la sílaba lingüística, el morfema o palabra y la elocución entera a la cual se refiere una señal.

Se puede usar una:

- Representación léxica en la cual las muestras producidas por la codificación o la abreviación, preservando la secuencia y la relación del fonema en el idioma subyacente, transportando la estructura de los sonidos de la palabra o dividiéndola en sus segmentos

- Un Ideograma léxico en el que la muestra representa una unidad léxica. En contraste con la codificación y la abreviación, el ideograma léxico no tiene ninguna referencia a la estructura del fonema de la lengua subyacente sino simboliza directamente el concepto que representa.

El lenguaje de los tambores de África

En entorno boscoso e intransitable de algunas regiones de África llevo a la necesidad de inventar un medio de comunicación que no requiriera la presencia cara a cara de los interlocutores. También que hiciera posible la transmisión rápida de la información a lo largo de grandes distancias. Aparecieron lenguajes basados en el uso de tambores, quizás la primera tecnología de la información en movimiento inventada por el hombre en el siglo VII BC por los Yorura en la cuenca del rio Niger.

La comunicación usando los tambores se puede dividir en dos tipos. El primero es con un código convencional donde las señales predeterminadas representan un mensaje dado; en este tipo no hay una base directamente lingüística para la comunicación. En el segundo tipo, el que se usa para el lenguaje africano de los tambores, se considera que los instrumentos se comunican a través de la representación directa de la lengua hablada, simulando el tono y el ritmo del lenguaje real. Se considera que los instrumentos mismos hablan y sus mensajes consisten en palabras. Tal comunicación, a diferencia de las señales convencionales, se considera como lingüística. Puede ser apreciada completamente solo traduciéndola en palabras, y cualquier efecto musical es puramente fortuito

Esta expresión de palabras a través de instrumentos se basa en que los idiomas africanos implicadas son altamente tonales; es decir, los significados de las palabras son distinguidos no sólo por los elementos fonéticos sino también por sus tonos, en algunos casos solo por el tono. Se transmiten directamente los patrones del tono de las palabras y los tambores y otros se construyen los instrumentos implicados para proporcionar por lo menos dos tonos son usados de esta manera. La inteligibilidad del mensaje también se aumenta a veces mediante el patrón rítmico, otra vez representando directamente el de la elocución hablada. Puede ser que parezca a primera vista como si los patrones tonales, aun cuando suplementados por el ritmo, pudieran proporcionar solamente una pista leve sobre las palabras reales del mensaje. Después de todo, muchas palabras en una lengua dada poseen la misma combinación de tonos. Sin embargo, hay varios trucos en la lengua del tambor del para superar esto

Hay, por supuesto, el punto obvio de que hay ocasiones y tipos convencionales de comunicación para la transmisión con el tambor, de modo que el oyente tenga ya cierta idea de la gama de los significados que son probables en cualquier momento dado. Más significativas son las frases estereotipadas usadas en las comunicaciones con el tambor. Éstas son a menudo más largas que la prosa de la elocución diaria, pero la longitud adicional de los estereotipos del tambor conduce a una mejor identificación de los patrones rítmicos y tonales. Adicionalmente se introduce un elemento de redundancia que mejora la seguridad de la información que se transmite.

La expresión a través de los tambores resulto muy misteriosa para los primeros visitantes que no pudieron entender sus principios, pero esta basada directamente en palabras reales y sus tonos. Esta lengua satisface muchas de las funciones una escritura alfabética. Su utilidad es también innegable en regiones boscosas densas donde era la única manera posible de comunicarse, aparte de enviar a mensajeros. El mismo principio de representar los tonos del habla real con frases estereotipadas también se utiliza para la comunicación a través de otros instrumentos tales como trompetas, flautas, o gongs.

En algunas culturas la lengua y la literatura del tambor están altamente desarrollados. En tales casos, el batir tiende a ser una actividad especializada y a menudo hereditaria. Los redoblantes expertos con maestría del vocabulario aceptado de la lengua y de la literatura del tambor a menudo formaban parte de la corte de un rey. Este tipo de expresión es altamente experta y artística y aumenta los recursos verbales de la lengua. La importancia de la lengua del tambor para la literatura oral no se limita a los mensajes utilitarios. Este tipo de medio se puede también utilizar para las formas específicamente literarias, para los proverbios, panegíricos, poemas históricos, cantos fúnebres, y en algunas culturas prácticamente cualquier clase de poesía.

El lenguaje de los silbidos

Los idiomas silbados son una forma de comunicación usada por mucha gente en todo el mundo. Los idiomas se diferencian según si la lengua hablada es tonal o no, con los silbidos basándose en el tono o la articulación. En los idiomas tonales se elimina la articulación, dejando solamente características prosódicas tales como duración y tono, y cuando son silbados conservan la tonada melódica. En idiomas no tonales, algunas de las características articulatorias se conservan, aunque las variaciones tímbrales normales impartidas por los movimientos de la lengua y el paladar suave se transforman en variaciones del tono.

Los idiomas silbados transportan la información del fonema solamente con la duración del tono y se pierden muchas distinciones del fonema de la lengua hablada. Todos los idiomas silbados comparten una característica básica: funcionan variando la frecuencia de una forma de onda simple en función de tiempo, generalmente con la variación dinámica mínima, lo que es fácilmente comprensible puesto que en la mayoría de los casos su propósito es comunicación interurbana.

Los idiomas silbados se encuentran y se utilizan normalmente en sitios con elevaciones abruptas creada por un terreno montañoso difícil, comunicación lenta o difícil (sin teléfonos), con una densidad demográfica baja y/o con núcleos dispersos, y otras características que los aíslan tales como el pastoreo y cultivos en laderas.

Aunque los idiomas silbados no son códigos o idiomas secretos, pueden ser utilizadas para la comunicación privada cuando se está rodeado de extraños que no saben ni entienden la lengua silbada aunque puedan entender su origen hablado. Esto es notorio hoy en día durante los disturbios callejeros en los cuales grupos de activistas se comunican mediante silbidos.

Un tono silbado es esencialmente una oscilación simple (u onda sinusoidal), y las variaciones de timbre son imposibles. La articulación normal durante un silbido labial es relativamente fácil aunque los labios se mueven poco lo que causa una constante labialización y hace que las consonantes labiales y labiodentales (p, b, m, f, etc.) sean imposibles.

La ventaja principal de silbar es que permite que la comunicación cubra distancias mucho más grandes (típicamente 1 o 2 kilómetros y a veces hasta 5 kilómetros) que el habla ordinaria, y por ello se emplea en terrenos abruptos.

Hay lenguas silbadas en todos los continentes.
- América
    o México: <u>Amuzgo</u>, chinanteca, chol, Kickapoo, <u>Mazateco</u>, <u>Nahuatl</u>, Otomi, Tepehua, Totonaca, Zapoteca.
    o Bolivia: Siriono
    o Brasil: Piraha
    o Alaska: Yupik
- Asia
    o Myanmar: Chin
    o Nepal: Chepang
- Europa
    o Francia (villa de Aas, Pirineos)
    o España (La Gomera, Islas Canarias
    o Turquia: Kuskoy
    o Grecia (villa de Antia en Euboea)
- Africa Occidental:
    o Bafia, Bape, Birifor, Bobo, Burunsi, Daguri, Diola, Ewe, Fongbe, Marka, Ngwe, Tshi, Ule
- Oceania
    o Nueva Guinea: Gasup, Binumarien

La era neolítica

La violencia y la guerra eran motivadas por los recursos limitados como el agua o la caza. Pero funcionaban fuerzas poderosas para impedir que se acudiera a la guerra si se podía evitar. Era muy riesgoso perder miembros de la tribu pues se amenazaba la supervivencia de todos. Era más fácil y provechoso alejarse de un conflicto innecesario. Las tribus en el paleolítico se encontraban muy rara vez. Y cuando lo hacían era en forma accidental, o cuando la escasez de comida convertía a otra tribu en fuente de alimentos. La guerra era una extensión de la caza. Los miembros de grupos ajenos se consideraban presa legítima.

Quizás el origen de las empalizadas sea la necesidad de proteger el activo más importante de un grupo: la vida de sus miembros. Los conflictos intergrupales, o sea la guerra, aparecieron cuando al crecer la huella ecológica de los grupos, debido al aumento de la población, los grupos vecinos que antes casi no entraban en contacto, ahora interactuaban frecuentemente.

Es posible que las pequeñas bandas construyeran alrededor de la hoguera del grupo empalizadas permanentes para refugiarse de los depredadores o de sus enemigos y que dentro de la empalizada consumieran las plantas que habían recolectado. Las semillas que caían al suelo germinaban en la próxima primavera. También es posible que los primeros agricultores generaran excedentes de alimentos que tenían que protegerse, y esto llevo a la construcción de empalizadas. Estos excedentes dieron origen a una explosión de la población. Esta explosión de la población tuvo consecuencias importantes, entre otras, un aumento en los conflictos ínter tribales. Había un excedente de población, y cada individuo era menos valioso que antes.

El éxito de una tribu en un sitio específico daba lugar al regreso de la tribu un año después, cuando las plantas volvían a crecer, y los animales también regresaban. Hace 15000 años empezó un cambio climático que se piensa modifico las rutas migratorias de los animales que servían de alimento. También el final de esta edad de hielo hace 10000 años ocasiono que algunos territorios fueran más templados y más susceptibles a la agricultura. Esto marca el inicio del neolítico. Las tribus empezaron a ocuparse más del control de sus fuentes de alimentos. En lugar de tener esperanza de que crecieran las plantas ahora intentaban asegurarse de que crecieran, protegiendo las semillas y ahuyentando a los predadores. Los humanos ya no dependían solo de lo que cazaban o recolectaban. Ahora las especies bajo su control eran la fuente principal de alimento, y la recolección y caza solo un suplemento.

La agricultura apareció hace unos 12,000 años. Hay evidencia de que se originó en la zona mesopotámica, en el norte y el sur de China, en África al sur del desierto del Sahara, en Nueva Guinea y en varias regiones de América.

La adopción de la producción de alimentos, o sea el descubrimiento de la agricultura, requirió permanecer cerca de las cosechas, huertas, y almacenes de excedentes de alimentos. La vida sedentaria fue decisiva para el desarrollo de la tecnología, porque permitió acumular posesiones no portátiles. Los cazador-recolectores son nómadas que careciendo de los vehículos o de animales de carga, limitan sus posesiones a los bebés, a las armas, a algunas herramientas y a un mínimo de otras necesidades absolutas bastante modestas. No se puede cargar cerámica y otros artefactos al cambiar de campamento. Esta dificultad práctica explica probablemente la aparición muy temprana de algunas tecnologías, seguida por un largo retrasos en su desarrollo posterior.

Además de permitir la vida sedentaria y por lo tanto la acumulación de posesiones, la producción de alimentos fue decisiva en la historia de la tecnología por otra razón. Llegó a ser posible, por primera vez en la evolución humana, desarrollar grupos especializados que consistían de personas que no producían alimentos y que eran alimentados por los productores. Se dedicaban al desarrollo tecnológico.

Los excedentes de comida vegetal también llevaron a un mayor control sobre algunas especies animales. Se identificaron las especies más tratables y cooperativas, se les ayudaba, se les cautivaba y se les tenia disponibles como alimento. Luego se encontraron que eran útiles de otras formas, como por ejemplo, como ayuda en el movimiento de artículos pesados.

Uno de los retos más importantes de los humanos prehistóricos fue la necesidad de contar. A medida que mejoro la productividad, después de la invención o descubrimiento de la agricultura apareció la necesidad de tener registros precisos del excedente que se producía en cada grupo

La cantidad de información que era necesario retener para llevar a cabo las actividades normales de los grupos humanos excedió la memoria de los individuos. Era necesario contar con registros colocados en materiales externos a los individuos para que fuera posible tener acceso a un acervo de la información recopilada y necesaria para sobrevivir.

Se inventaron varios métodos para lograr esto y quizás el primero de ellos fue el uso de nudos en cuerdas. Los excedentes importantes se registraban mediante un nudo grande. Los menos importantes mediante nudos más pequeños. El número de nudos correspondía al número de activos que se deseaba registrar. Otro método fue grabar muescas o marcas en pedazos de madera o de cerámica.

Atar nudos es una de las habilidades básicas para la supervivencia. Permite unir dos o más objetos y esto llevo a la construcción de herramientas para la caza y la agricultura. Eventualmente los nudos evolucionaron convirtiéndose en un método de comunicación. Luego se convirtieron también en objetos decorativos y rituales. Estos nudos u objetos con muescas se colocaban en los lugares u objetos donde se almacenaba el excedente. Esta metodología se encuentra en China en las épocas místicas de Yangshao y Shennong (5000-3000 BC) y también en Sudamérica en la civilización de Caral-Supe que data de en unos 5.000 años de antigüedad

Al aparecer los excedentes aparece también la necesidad de intercambiar los de un grupo con los de los demás grupos. Hasta el Neolítico, 8.500-8.000 AC, la compra-venta de mercancías se hacía bajo la forma de trueque o permuta. Eso es difícil y entorpeció el desarrollo del mercado durante milenios. Sólo se puede concretar una operación si se encuentra al mismo tiempo: a) quién necesite aquello que a mí me sobra; b) que él tenga aquello que a mí me falta; y c) que los dos consideremos el valor de las dos mercancías como equivalentes en la cantidad justa que nos conviene a los dos. Los prerrequisitos para llevar a cabo esta actividad son: el concepto de número, el establecimiento de reglas para contar (sistema numérico) y establecimiento de las unidades de medida. Este desarrollo condujo a la aritmética y luego de las matemáticas. Esto parece que sucedió hace más de 5000 años.

Historia

La escritura

El conocimiento es poder. Por lo tanto la escritura trae poder a las sociedades modernas, permitiendo transmitir conocimiento con exactitud a distancia y en cantidad y detalle mayores, a partir de sitios más distantes y de épocas más alejadas. ¿Por qué, entonces, solamente algunos y no otros desarrollaron la escritura, dado su valor abrumador? Por ejemplo, ¿por qué ningún grupo tradicional de cazadores recolectores desarrollaron o adoptaron la escritura?

El desarrollo tecnológico tiene varias etapas. Entre ellas la agricultura, la metalurgia, el gobierno centralizado y la escritura. De todos estos la escritura es la más restringida geográficamente: hasta que ocurrieron la expansión europea del Islam y el dominio colonial de los europeos, estaba ausente de Australia, de las islas pacíficas, de África subecuatorial, y del nuevo mundo a excepción de una parte de Mesoamérica. Quienes se precian de ser civilizados consideran que el parteaguas que los divide de los demás es la escritura.

¿Por qué, entonces, solamente algunas culturas y no otras desarrollaron la escritura, dado su valor abrumador? ¿Por ejemplo, por qué ninguno de los cazadores-recolectores tradicionales desarrollaron o adoptaron la escritura? Entre los imperios marítimos, ¿por qué la escritura se presentó en la Creta minoica pero no en la Tonga polinésica? ¿Cuántas veces se desarrolló la escritura independientemente en la historia humana, bajo qué circunstancias, y para qué aplicaciones? De quienes la desarrollaron, ¿por qué algunos lo hicieron antes que otros? Por ejemplo, se difundió a Etiopía y a Arabia desde Mesopotamia, pero no a los Andes desde México. ¿Se difundió por copiado, o los sistemas existentes inspiraron simplemente a la gente vecina para que inventara sus propios sistemas?

En la escritura hay una distinción fundamental entre los sistemas semasiográficos y los glotograficos: los sistemas semasiograficos son lenguajes gráficos independientes que no están atados a un lenguaje hablado, los sistemas glotograficos usan símbolos para representar elementos de un lenguaje hablado específico. Las escrituras glotográficas se pueden dividir en las escrituras logográficas, donde los elementos hablados son representados por símbolos gráficos individuales con significado propio (las palabras o los "morfemas"), y las escrituras fonográficas, donde las marcas se asignan a sonidos sin sentido (las silabas o las letras) los cuales se acumulan para formar las palabras.

Cada cultura que desarrolle un lenguaje escrito selecciona como medio de soporte de sus documentos los materiales que sean adecuados y fáciles de obtener. Cada medio de soporte tiene una durabilidad característica que determina la disponibilidad de la información para generaciones futuras.

En las épocas paleolíticas (30,000 BC) aparecen las pinturas rupestres. Puede considerarse que estas pinturas rupestres son un sistema semasiográfico. Esta forma de plasmar información en un medio permanente se ha encontrado en todo el mundo. En algunos casos estas pinturas se encuentras en las profundidades de cuevas, lo que parece indicar un deseo de mantener la confidencialidad de la información que contenían esas pinturas. Se desconoce qué motivo a nuestra especie a plasmar en dibujos su percepción de lo que era importante. Pero se hizo en una forma espectacular que merece el nombre de arte rupestre. Un afamado pintor europeo del siglo XX dijo, después de visitar varias cuevas, que en cuanto al arte de pintar parece que no hemos aprendido nada.

Esas cuevas, en las que aparecen múltiples pinturas, son los primeros acervos de información. Allí se recogía la información que el grupo humano consideraba de la suficiente transcendencia para legarse a futuras generaciones. Este medio de soporte de la información es tan durable y resistente que podemos observarla 32,000 años después. La creación de estas pinturas requirió el uso de pigmentos y de diversas técnicas para aplicarlos. Además manifiestan un sentido estético.

Hay tres estrategias del básicas subyacentes de la escritura glotográfica que difieren en el tamaño de la unidad del habla usada: un solo sonido básico o sea una palabra, una sílaba entera, o la que es empleada hoy por la mayoría de la gente es el alfabeto, que proporcionaría idealmente un solo símbolo (llamado letra) para cada sonido básico de la lengua (un fonema).

La primera estrategia utiliza los logogramas en los que un símbolo representa una palabra entera. Así son la escritura china y el sistema japonés predominante (llamado kanji). Se usaban logogramas en los jeroglíficos egipcios, los glifos mayas, y el cuneiforme sumerio.

La segunda estrategia, posiblemente menos familiar, utiliza un símbolo para cada sílaba. En la práctica, la mayoría estos sistemas de escritura (llamados silabarios) usan símbolos distintos para las sílabas que constan de una consonante seguida por una vocal y recurren a varios trucos para escribir otros tipos de sílabas por medio de esos símbolos. Los silabarios eran comunes en épocas antiguas, según lo ejemplificado por la escritura linear B de la Grecia de mioceno. Algunos silabarios persisten hoy, el más importante es el del kana que se usó en Japón para los telegramas y por otra parte los textos para ciegos.

La tercera estrategia recurre a un símbolo para cada fonema que se emplea para hablar. Se representa el sonido de las palabras. Los alfabetos que se emplean constan de unas 20 o 30 letras. Al hablar se emplean mas fonemas que se representan mediante combinaciones de las letras aceptadas que al combinarse aproximan el sonido del fonema.

El hecho más notable respecto al alfabeto sin duda es que se inventó una sola vez. Fue creado por un pueblo o pueblos semíticos alrededor del 1500 AC en la misma zona geográfica donde apareció la primera de todas las grafías, la escritura cuneiforme, pero dos milenios más tarde que ésta. Todo alfabeto en el mundo se deriva en una forma u otra de la creación semítica original

Los inicios de la filosofía griega estuvieron relacionados con la estructuración del pensamiento originada por la escritura. La comprensión como consecuencia de la tecnología de la palabra aborda los resultados que esta forma de consignación de la información trajo y dejó en las sociedades que la adoptaron. Desde los inicios de las adecuaciones de una forma a la otra, en la que se pueden rastrear alusiones a un público o auditorio, el pensamiento, plasmado en diversos soportes se escolarizó por medio y desde la escritura.

Además se creó la peligrosa relación entre certeza, verdad y presencia "por escrito" de las ideas. Hay que comparar las objeciones platónicas a la escritura con las objeciones que se hicieron en su momento a las computadoras. Ideas como "la escritura destruye la memoria", "la escritura debilita el pensamiento", "un texto escrito no produce respuestas", "la palabra escrita no puede defenderse", "la escritura es pasiva" son algunas de las afirmaciones que se argumentan y se discuten.

Ningún sistema real de escritura emplea una sola estrategia. La escritura china no es puramente logogrífica, ni la escritura inglesa es puramente alfabética. Como todos los sistemas de escritura alfabética, el castellano utiliza muchos logogramas, tales como números, $, %, y +: es decir, símbolos arbitrarios, no compuestos de elementos fonéticos, representando palabras enteras.

Hace 20000 años se fabricaron en Australia unas piedras cilindro cónicas con grabados que se cree constituyen la forma más antigua y portátil de manejar la información. Los aborígenes, aun hoy en día, les atribuyen propiedades mágicas o totémicas. Esta es la más antigua tecnología de la información en reposo: pigmentos sobre piedra y marcas sobre piedra. Estas tecnologías han garantizado la supervivencia de la información hasta nuestros días. Pero el significado de la información, excepto por su valor estético, se ha perdido.

Hace 10000 años se grababan colmillos de mamut como sustento a la información. Un ejemplo se encontró en Ucrania que presenta el mapa más antiguo que conocemos. Esta información es comprensible en lo general, pero no se conoce su contexto. Es claramente un mapa, pero ¿de dónde? En los acervos de información no solo hay que guardar los símbolos y la forma de entenderlos. También hay que preservar el contexto de la información.

Inventar un sistema de escritura desde el inicio debe haber sido incomparablemente más difícil que adaptar uno. Los primeros escribanos tuvieron descubrir los principios básicos que ahora parecen obvios. Por ejemplo, tuvieron que decidir cómo descomponer una elocución continua en unidades lingüísticas, sin importar si esas unidades fueran palabras, sílabas, o fonemas. Tuvieron que reconocer la unidad del sonido con todas las variaciones normales en volumen, ritmo, velocidad, énfasis, agrupación e idiosincrasias individuales de la pronunciación. Tuvieron que decidir que un sistema de escritura no puede tomar en cuenta todas esas variaciones. Entonces tuvieron que idear maneras de representar sonidos mediante símbolos.

Quizás el paso más importante de la historia de la escritura fue la introducción de la representación fonética. Inicialmente a un sustantivo abstracto (que no se puede dibujar fácilmente) se le representaba mediante el dibujo correspondiente a un sustantivo representable que tenía la misma pronunciación fonética. Por ejemplo, es fácil dibujar una flecha, es difícil dibujar la vida, pero ambos son "ti" pronunciados en sumerio, así que una flecha vino a significar la flecha o la vida. La ambigüedad que resultaba fue resuelta por la adición de una marca silenciosa llamada un determinativo, para indicar la categoría de los sustantivos a los cuales pertenece el objeto. Los lingüistas dicen que esta innovación es decisiva. Pero este cambio crucial implicó la solución del problema básico de virtualmente todos los sistemas de escritura: cómo idear las marcas visibles que representan sonidos hablados reales, independientemente de las ideas o de su pronunciación

La escritura en China.

Se han encontrado caparazones de tortuga en China que datan de 8600 BC. Algunos arqueólogos consideran que las marcas que en ellos se aprecian son muy similares a símbolos empleados en la escritura china 2000 años después. Quizás representen el primer caso de escritura que se conoce.

Los primeros signos que encontramos en la cultura china que hacen pensar en un código de escritura son las inscripciones dibujadas en cerámica roja con dibujos geométricos de Yangshao, cultura neolítica que apareció en el valle del río Huanghe, entre el 7000 y el 5000 AC. Son grafías que en algunos casos recuerdan a signos de la lengua china, como los números u otros caracteres fácilmente reconocibles. A pesar de ello, no se puede hablar más que de un tipo de proto escritura que no debe ser considerada ni siquiera un estadio de evolución inicial del desarrollo de la lengua china escrita. Hay que subrayar que las grafías encontradas en la cerámica de Yangshao presentan similitudes de tipo formal con los posteriores caracteres chinos, similitudes que son muy destacadas y que representan tendencias estéticamente muy diferentes, por ejemplo, a las del estilo cuneiforme de Sumeria o a los jeroglíficos egipcios.

La historia de la escritura China se remonta 6000 años. Durante la dinastía Shang (1200 BC) ya se habían formulado los principios, estructuras y elementos principales que se emplearon los siguientes 3000 años. Una posible explicación de este invento se basa en la gran frecuencia de aparición de los símbolos que representan números. Alrededor del cuarto milenio AC la complejidad del comercio y la administración supero la capacidad de la memoria humana. Ese es el momento en que la información escrita adquiere importancia y se generaliza.

En 1800 BC. o quizás antes aparecen los símbolos más antiguos de la escritura china que son claramente un dibujo de lo que se quería representar, hecho especialmente evidente en el caso de los caracteres utilizados para designar animales. Esta escritura fue evolucionando a las etapas ideográficas y logogríficas sin llegar a ser alfabética.

Los denominados jiaguwen ("textos en huesos y caparazones") son inscripciones realizadas sobre estas superficies de origen animal durante los rituales adivinatorios que reflejan las prácticas religiosas de reyes y chamanes de la corte del estado Shang durante una época que se extiende entre los años 1200 y 1050 AC. Se trata de inscripciones oraculares que constituyen las primeras muestras de escritura articulada encontradas en China. Estas inscripciones, de las que se han encontrado más de 200.000 piezas, son, además, una fuente de información excepcional de la vida en la corte y de la mentalidad Shang.

Pocos elementos son tan definitorios de la cultura china como su escritura. Se trata de un sistema único, parcialmente compartido por coreanos, japoneses y chinos y, hasta hace no mucho, vietnamitas. También es uno de los elementos que en mayor medida ha contribuido al aislamiento que de la región, la auténtica "gran muralla" que supuestamente había hecho de la cultura china una realidad política y cultural difícilmente penetrable para la mayor parte de los pueblos extranjeros, especialmente los llegados de Europa.

Se empleaba tinta colocada mediante pinceles sobre tiras de bambú muy delgadas. A veces se empleaba la seda como medio de soporte. Posteriormente se inventó el papel, uno de los cuatro grandes inventos chinos, que se fabricaba colocando fibras vegetales en agua y machacando la mezcla hasta que se formaba una pasta que se pasaba por un colador que dejaba pasar el agua y el cual servía de base para secar la pasta.

La Escritura en América.

La escritura semasiografica se extendió por todo el continente americano. En Sudamérica usaba el quipu como representación escrita de las ideas y de los eventos. Es una forma de comunicación escrita entre las más tempranas en el mundo, sólo levemente más joven que la cuneiforme, que se ha identificado en el sitio de Mesopotamia de Uruk aproximadamente en 3000 AC. En Mesoamérica se empleaban símbolos, glifos, labrados en piedra o trazados sobre amates y otros materiales. No solo los símbolos representaban información sino también su colocación relativa entre ellos y sus colores

Escritura en Sudamérica.

El Sudamérica se inventó una representación del lenguaje a base de nudos en cuerdas de distintos colores. Aunque la mayor parte de la información que se ha encontrado parece ser de tipo numérico, algunos nudos combinados con los colores de las cuerdas empleadas quizás representen información no numérica.. Estas colecciones de cuerdas llamadas quipus llegaban a tener hasta 2000 cuerdas. Las cuerdas estaban hechas de lana de alpaca o llama o bien de algodón. No se ha determinado cuando se inventó esta representación del lenguaje, pero estaba en uso antes de 1400 AC. Algo similar se ha encontrado en China.

El éxito del imperio Inca se atribuye generalmente a la capacidad de su burocracia de registrar los detalles de las actividades del imperio y utilizar esta información eficientemente para administrar ese vasto imperio. Tal control se basaba en un flujo de información eficaz entre sus partes dado que el almacenaje y la transmisión de información eran esenciales para mantener las estructuras institucionales tales como agricultura y defensa. Entre las grandes civilizaciones del mundo solo los incas no poseyeron la escritura o la rueda. La tecnología de información utilizada por los incas era por lo tanto distinta a la del mundo occidental en ese entonces y de todas las civilizaciones de la edad de bronce.

La red del transporte de los incas estaba compuesta de miles de kilómetros de caminos y de puentes y atravesó los Andes así como la costa del moderno Perú. Se extendió a Colombia, Bolivia, Argentina y Chile. La mayor parte de los caminos eran de piedra y en algunos lugares eran extremadamente estrechos permitiendo solamente recorridos y transporte a pie o vía llama. Los caminos no se podían utilizar libremente. Solamente aquellos involucrados en negocios oficiales, los mensajeros imperiales y el emperador y sus ejércitos podían utilizar la red.

La mano de obra que trabajaba en las tierras y extensos pastizales y que laboraba en la manufactura de objetos muy diversos tenía una producción que requería redistribución a escala estatal y cubría la demanda de productos manufacturados como armas, ropa rustica y fina y alimentos. Para su contabilidad se usaron diversos artefactos como petaquillas, canastas, fardos y tinajas.

En lugar de usar una lengua escrita los incas utilizaron cuerdas de colores ensambladas y anudadas, conocidas como quipu, para registrar los datos de un mensaje. Personal especializado codificaba y descifraba los mensajes contenidos en un quipu. La codificación de un quipu implica el atar una red compleja de hilos de diversos materiales y colores y el atar dentro de trama secuencias de diversas formas de nudos. La lectura de un quipu implica la inspección de la trama y también rápidamente deslizar los dedos sobre los nudos contenidos en los hilos, algo parecido a la lectura de Braille.

De los pocos quipu que han sobrevivido se ha logrado entender que fueron utilizados para almacenar los resultados de cálculos y para el mantenimiento de registros posiblemente en apoyo de la administración imperial del inca También se ha demostrado recientemente que el quipu actuaba como un sistema contable complejo que permitió acumular datos de un censo y del tributo recogido en el imperio. Se ha propuesto además el uso de estos dispositivos tridimensionales como mecanismos para transportar narrativas, es decir como forma de escritura. Si esto es correcto el quipu sería el único ejemplo del uso de un sistema de codificación binario para la comunicación ordinaria. Es asombroso darse cuenta de que los Inca empleaban bits de colores para escribir.

Sólo algunos funcionarios estatales conocían el uso de los quipus. Éstos eran llamados "khipu kamayuq" (en quechua "responsable del quipu"). Éstos eran apoyados por los qullqakamayuqkuna, que ordenaban los acervos. Generalmente el khipu kamayuq era un varón anciano, mientras que la qullqakamayuqkuna era una anciana, y posiblemente habían sido pareja de más jóvenes. Mantenían en los quipu las cifras poblacionales y también el inventario del contenido de los depósitos gubernamentales. Dado que los incas se desconocía el uso del dinero, los depósitos llenos de bienes manufacturados y de subsistencias representaban la riqueza del Estado.

Escritura en Mesoamérica.

En Mesoamérica hay indicios de que los olmecas desarrollaron un lenguaje escrito hace unos 2650 años. Los zapotecas desarrollaron un lenguaje escrito hace unos 2500 años que era logográfico o más bien logo silábico, es decir cada símbolo (glifo) podía representar ya sea una palabra o una silaba. Los mayas, alrededor de 300BC desarrollaron un lenguaje escrito con la misma estructura. Se conocen 700 glifos distintos de los cuales se han descifrado unos 500. Estos lenguajes fueron descifrados a mediados del siglo XX.

El primer medio de soporte fue la piedra grabada. Luego se inventó el amate. Las primeras inscripciones que son identificables como mayas datan del siglo III AC. Esta escritura fue usada hasta un poco después de la llegada de los conquistadores españoles en el siglo XVI.

El papel amate (náhuatl: ámatl) es un tipo de soporte vegetal cuyo origen se remonta a la época prehispánica de Mesoamérica. Se le llama papel porque se fabrica a partir de las cortezas de los árboles, aunque el proceso de manufactura es bastante distinto al que se emplea para la producción del papel común. Este se produce hirviendo la corteza de diversos árboles que se cuecen en agua con cal, golpeando el material fibroso resultante con piedras hasta obtener una superficie de pasta delgada y corrugada. El resultado es una lámina vegetal fibrosa de colores que van del marrón oscuro al amarillo paja. Se piensa que los mayas manufacturaban papel unos 500 ó 1000 años antes de nuestra era, pero no se conoce la época en que el papel amate se comenzó a usar en Mesoamérica. El papel se producía en vastas regiones como las de Yucatán, Chiapas, Veracruz, las Huastecas, Oaxaca y partes de Guerrero, Morelos y del Valle de México. Se afirma también que los pueblos de Anáhuac consumían papel en grandes cantidades, lo que se demuestra con la nómina de tributos de Moctezuma, en la que aparecen poblaciones tributarias que debían entregar miles de rollos anualmente.

Entre los pueblos de Mesoamérica los principales usos del papel fueron para elaborar libros en forma de biombo, que conocemos como "códices", y como vestido, en lugar de las pieles de animales, aunque después fue sustituido por los tejidos de ixtle y algodón. Como indumentaria o accesorio tuvo una importante variante destinada a los usos rituales.

Su uso en Mesoamérica se ha ubicado en la lejanía del Preclásico Medio, a principios del primer milenio antes de la era cristiana. Algunas representaciones iconográficas de los pueblos mesoamericanos prehispánicos dan cuenta del uso de este material, por ejemplo el Códice de Madrid y otros Códices Mayas están pintados sobre papel amate.

Escritura en el sur de Asia.

Alrededor de 3500 BC en Harappa, en el valle del Indo, apareció un lenguaje escrito en un recipiente que muestra un mensaje. Este lenguaje escrito emplea dobles símbolos de consonantes para las vocales Se han encontrado sellos planos, tabletas de barro, láminas de cobre y arcilla cocida. Aparenta ser un lenguaje pictográfico y silábico que usaba más de 400 símbolos.

Hacia 1500 BC aparece el sanscrito védico, que es el precursor de la familia de idiomas indo europeos. Este es un lenguaje fonético Los textos sagrados se conservaban oralmente y se escribían los asuntos de tipo administrativo, literario o científico. Se han encontrado textos grabados en roca que datan del tercer siglo antes de nuestra era, aunque algunos especialistas los datan del siglo sexto antes de nuestra era. Se cree que el alfabeto llego a la India con los comerciantes no arios que tenían negocios en Babilonia y varios puertos de Arabia.

En el siglo V AC se usaba cartón de madera para escribir con algún material blanco. También se usó la corteza de árboles especialmente tratada con aceites, y luego pulida. En el sur se empleaban hojas de palma, con las que formaban libros cosiendo varias hojas. Se hacía también uso de tela de algodón como medio de soporte.

Escritura en el medio oriente.

La primera escritura pictográfica se desarrolla en Sumeria hacia 5500 BC. Llamada cuneiforme porque se hacían marcas sobre tabletas de arcilla húmedas con instrumentos punzo cortantes, horneándose después la arcilla. Se logra una registro permanente de la información, que es además portátil y que con juntándolo con el contexto histórico de los sumerios, nos permite entender su contenido. La escritura cuneiforme fue entendida por primera vez a principios del siglo XIX al correlacionar algunas palabras en tabletas con lo que aparecía en las ruinas de la ciudad de Persepolis. Esas palabras eran nombres de grandes reyes mesopotámicos como Darío y Xerxes.

Alrededor de 5600 BC se empiezan a usar en Egipto jeroglíficos grabados sobre cerámica, o sea arcilla horneada. Representan una escritura parcialmente logográfica y parcialmente alfabética. Se logra entender en la primera mitad del siglo XIX cuando la expedición napoleónica regresa con la famosa Piedra Rosetta que sirve como diccionario relacionando el lenguaje egipcio con el griego. Alrededor de 3000 BC los jeroglíficos egipcios empiezan a escribirse sobre papiro, producto fabricado usando una planta acuática de ese nombre muy abundante en el delta del Nilo. Se hacinan tallos de las flores, se sumergen en agua hasta que empiezan a descomponerse, se sobreponen en forma cruzada, se golpea el material hasta que se forma una pasta, se prensan y se secan. A partir de 1000 BC los egipcios empiezan a exportar papiro que era muy apreciado pues era mucho menos frágil y mucho menos pesado que las tabletas de arcilla.

Hacia 2700 BC la escritura egipcia se había estabilizado en un conjunto de 24 jeroglíficos que representaban las consonantes. Este sistema fue usado por trabajadores egipcios ubicados en la península del Sinaí, donde se perfeccionó dando origen a la escritura alfabética alrededor de 1050 BC en Fenicia, hoy Líbano y Siria.

La escritura alfabética, en la cual se utiliza un símbolo para representar un fonema, permite reproducir en el medio de soporte la sucesión de sonidos que constituyen el lenguaje oral. Es la forma más sucinta de representar el habla pues usa una cantidad mínima de símbolos. Cada símbolo representa uno de los sonidos que puede emitir nuestro sistema vocal. Es mucho más fácil de usar y de aprender. Muchas más personas son capaces de leer lo que se ha escrito, lo cual constituye una amenaza a la confidencialidad de la información.

En Grecia y Macedonia la ausencia del papiro y el alto precio de adquirirlo de Egipto llevo al empleo de pergamino como medio de soporte de la escritura. Este se fabrica limpiando pieles de mamíferos, típicamente ovejas, emblanqueciendo químicamente la piel limpia y estirándola sobre un marco. Luego se frota con un cuchillo hemisférico para suavizarlo en etapas sucesivas de humedecimiento, frotado y secado. Finalmente se usa piedra pómez para alisar la superficie que se trata con cal para que sea más fácil usar tinta para escribir. El pergamino resulto ser más caro que el papiro, pero se continuó usando pues Tolomeo V, en 150 BC, suspendió la exportación de papiro para impedir el desarrollo de acervos que compitieran en tamaño y funcionalidad con el suyo.

Los medios de soporte del lenguaje escrito y la disponibilidad de la información.

Hace 20000 años se fabricaron en Australia unas piedras cilindro cónicas (cylcons) con grabados que se cree constituyen la forma más antigua y portátil de manejar la información. Los aborígenes, aun hoy en día, les atribuyen propiedades mágicas o totémicas.

Estas son las más antiguas tecnologías de la información: pigmentos sobre piedra y marcas sobre piedra... Estas tecnologías han garantizado hasta ahora la supervivencia de la información. Pero el significado de la información, excepto por su valor estético, se ha perdido. Este ejemplo ilustra el más importante problema que hay que resolver en la creación de acervos de la información: no solo hay que preservar la información sino también preservar una forma para entenderla. La propiedad de seguridad de la información llamada disponibilidad incluye no solo la supervivencia de los símbolos. También incluye la posibilidad de entenderlos.

Hace 10000 años se grababan colmillos de mamut como sustento a la información. Un ejemplo se encontró en Ucrania que presenta el mapa más antiguo que conocemos. Esta información es comprensible en lo general, pero no se conoce su contexto. Es claramente un mapa, pero ¿de dónde? En los acervos de información no solo hay que guardar los símbolos y la forma de entenderlos. También hay que preservar el contexto de la información.

Se han encontrado caparazones de tortuga en China que datan de los años 8600 BC. Algunos arqueólogos consideran que las marcas que en ellos se aprecian son muy similares a símbolos empleados en la escritura china 2000 años después. Quizás representen el primer caso de escritura que se conoce.

Los ejemplos anteriores muestran que no basta con desarrollar una tecnología para expresar el lenguaje. Hay que encontrar un medio de soporte que, aparte de ser durable, sea práctico. Además un lenguaje escrito no es solamente un código para comunicar unos significados determinados, sino que propiamente es la forma gráfica para la representación sistemática del habla. La finalidad de las letras que forman parte de un alfabeto no es comunicar significados, sino representar gráficamente los sonidos del habla. Los sonidos individuales de las letras en muchas ocasiones carecen de significado y es posible combinarlas para crear textos sin significación sin que por ello se pueda afirmar que se trata de un sistema de escritura poco eficaz.

En 1800 BC o quizás antes aparecen las símbolos más antiguos de la escritura china que son claramente un dibujo de lo que se quería representar, hecho especialmente evidente en el caso de los caracteres utilizados para designar animales. Se empleaba tinta colocada sobre tiras de bambú muy delgadas mediante pinceles. A veces se empleaba la seda como medio de soporte. Posteriormente se inventó el papel, uno de los cuatro grandes inventos chinos, que se fabricaba colocando fibras vegetales en agua y moliéndolas a palos hasta que se formaba una pasta que se pasaba por un colador que dejaba pasar el agua y el cual servía de base para secar la pasta. Esta escritura fue evolucionando a las etapas ideográficas y logográficas sin llegar a ser alfabética.

En Mesoamérica hay indicios de que los olmecas desarrollaron un lenguaje escrito hace unos 2650 años. Los zapotecas desarrollaron un lenguaje escritos hace unos 2500 años que era logográfico o más bien logo silábico, es decir cada símbolo (glifo) podía representar ya sea una palabra o una silaba. Los mayas, alrededor de 300BC desarrollaron un lenguaje escrito con la misma estructura. Se conocen 700 glifos distintos de los cuales se han descifrado unos 500. Estos lenguajes fueron descifrados a mediados del siglo XX. El primer medio de soporte fue la piedra grabada. Luego se inventó el amate. Este se produce hirviendo la corteza de diversos árboles, golpeando el material fibroso resultante con piedras hasta obtener una superficie de pasta delgada y corrugada.

Alrededor de 2500 BC en la India apareció un lenguaje escrito que no ha sido descifrado todavía. Se han encontrado sellos planos, tabletas de barro, láminas de cobre y arcilla cocida.

El Sudamérica se inventó una representación del lenguaje a base de nudos en cuerdas de distintos colores. Estas colecciones de cuerdas llamadas quipus llegaban a tener hasta 2000 cuerdas. Las cuerdas estaban hechas de lana de alpaca o llama o de algodón. No se ha determinado cuando se invento esta representación del lenguaje, pero estaba en uso antes de 1400 BC.

Hay pues seis invenciones separadas de la escritura en China, India, Egipto, Mesopotamia, Mesoamérica y Sudamérica. Los medios de soporte son muy diversos y en cada caso han evolucionado de acuerdo con el entorno en que se desarrollaron. La motivación de estas invenciones es la creación de acervos de información, que permitan el funcionamiento ordenado de un pueblo (estableciéndose archivos de sus actividades) y que permitan transmitirla de generación a generación.

Acervos de Información

La transmisión de la información a través del tiempo y su almacenamiento determinan nuestra capacidad de aprender y actuar. Los acervos de información escrita, bibliotecas o archivos, son el medio que permite a una generación progresar aprovechando el conocimiento de generaciones anteriores transmitido en el tiempo, del pasado al presente. Esta transmisión escrita refuerza algunas propiedades de seguridad de la información. Su disponibilidad está garantizada en la medida que los acervos no sean destruidos. La integridad descansa en la de los libros o documentos; si estos han sido alterados a través del proceso de copiado esta propiedad se pierde. La autenticidad se preserva si los libros o documentos no han sido falsificados. Todas las grandes civilizaciones han construido acervos de información.

Acervos orales

Tradicionalmente en la mayoría de las sociedades los ancianos son el depósito del conocimiento tribal. La gente que tiene en la memoria la cultura de la tribu, forma la identidad de todos los miembros de la tribu. En un sentido, esto contribuye a la religión de la tribu. Los miembros bien informados, sabios y hábiles de la tribu pueden por lo tanto ser consultados, incluso después de muerte.

Dentro de la tribu hay también comunidades especializadas como la de los cazadores, la de los curanderos, etc. La transmisión de los conocimientos y habilidades necesarios para hacer que una persona sea miembro de una comunidad, o sea el proceso de inducción, requiere de una comprensión de la cultura de la comunidad y suficiente conocimiento del ambiente local para proveer por sí mismos. La naturaleza de una comunidad determinará la naturaleza de cualquier forma de inducción. Las comunidades profesionales por ejemplo, requerirán normalmente a sus miembros tener conocimientos apropiadas. Éstos serán determinados por el cuerpo representativo de la comunidad, y administrados por los responsables de la inducción. La jerga y otras lenguas arcanas de muchas comunidades expertas han conducido a la percepción de que son grupos casi monásticos que generan y mantienen energía poseyendo secretos culturales significativos. El entrenamiento en los códigos y los rituales de estos secretos es característicamente arduo, a menudo muy largo, y reservado a las élites.

Los acervos del conocimiento y de la cultura, son información que afecta el fenotipo adquirido por los individuos por imitación. La cultura por lo tanto se refiere no sólo a la expresión artística de una civilización, pero a todas las prácticas que la definan, de sus sistemas de creencia a la manera que prepara sus herramientas. El éxito con el cual los aspectos de una cultura se transmiten a partir de una generación a las siguientes determina la estabilidad y la durabilidad de una civilización. En una sociedad preliteraria hay que confiar en la memoria de las generaciones más viejas.

Esto parece ser cierto también para otras especies. Hay evidencia de Kenia que sugiere que éste sea el caso con los elefantes. Se ha encontrado que las unidades familiares de elefantes exhiben mayor confianza social si tienen matriarcas más viejas. Esto aparece estar ligado al hecho de que las hembras más viejas pueden recordar las llamadas de un mayor número de elefantes. Si los elefantes oyen una llamada que no reconocen, exhiben comportamiento defensivo. La frecuencia de tal comportamiento es más baja entre los grupos conducidos por más matriarcas más viejas, y quizás pueda deducirse que están actuando como repositorios del conocimiento social.

Se cree que la poesía épica hablada refuerza la memoria social. La memoria social, o la conmemoración, es un proceso de recuerdos. En el mundo preliterario la memoria es el acto social de recordar. Por ejemplo, la naturaleza de una canción puede tener más en común con una tradición oral que un relato que cuenta por escrito las mismas palabras. Las dos aplicaciones de la memoria de la palabra denotan diversas clases de memoria. El almacenamiento es un tipo, el recuerdo es otro.

Un repaso al Antiguo Testamento, Los Vedas y otras fuentes sirve para mostrar las marcas de la oralidad en las prácticas religiosas y en sus escrituras. La compleja naturaleza de la oralidad, su dependencia del contexto, la gestualidad, el cuerpo como contexto y la conformación del grupo o comunidad de oyentes la distingue de la escritura,

La mayoría de los relatos épicos orales – Ilíada, Odisea o Beowulf- tienen indicios que delatan los repertorios que sus "audiencias" esperaban y de haber sido relatos orales en presencia de un público en espera de oír viejas aventuras adecuadas al momento de su audición. Así comprenderemos que la relación entre los epítetos, las enumeraciones, la secuencia de los eventos (episodios) o las reiteraciones de un "texto" tienen su explicación en el origen oral-prosódico, sonoro si se quiere, de una forma de contención de información, al tiempo que un ejercicio de memoria cultural. Para la tradición oral, lo "nuevo" que se va insertando en una narración está modelado previamente en una especie de archivo de situaciones.

El lenguaje oral no deja registros arqueológicos. Por lo tanto no hay evidencia de su origen. Sin embargo es plausible que fueran significativos algunos de los siguientes elementos:

- movimientos estilizados para indicar alguna acción necesaria
- apuntar
- lenguaje corporal
- vocalizar imitando sonidos
- contar con los dedos
- preguntas y respuestas
- sintaxis como medio de desambiguar colecciones de sonidos

Las bibliotecas

El origen de las bibliotecas, como los orígenes del habla y de la escritura, no se conoce. A diferencia del habla y la escritura, sin embargo, el principio de las bibliotecas vino después del final de la era prehistórica, puesto que se considera que ha comenzado la edad histórica con la preservación de registros escritos. Es concebible llegue a ser posible decidir cuando y donde se originó la primera biblioteca, pero lo único que sabemos es que en ciertos momentos y en algunos lugares existieron las bibliotecas tempranas. Antes de eso, sin duda hubo colecciones de materiales gráficos, parecidas a las bibliotecas posteriores, pero los detalles específicos son difíciles de precisar. Uno de las razones del desarrollo de la escritura fue preservar el conocimiento humano, prolongar su duración más allá del sonido de la voz humana y más allá de la memoria de las personas y es probable que existieron documentos casi desde el principio de la escritura. Los escritos tempranos a menudo eran considerados sagrados, que fue otra razón para su cuidado y preservación. Si estos primeros registros fueron mantenidos en una manera ordenada, conveniente para su uso futuro cuando fuera necesario, tenían todo el aspecto de una proto biblioteca o archivo.

Las bibliotecas florecerán generalmente en aquellas sociedades donde reina la prosperidad económica, donde la población está alfabetizada y estable, donde el gobierno alienta el crecimiento de las bibliotecas, donde existen grandes zonas urbanas que requieres sistemas de información sofisticados para su funcionamiento, y donde el comercio de libro está bien establecido.

El valor de las bibliotecas como justificación ideológica o filosófica, a menudo muy práctica, para el gasto de cantidades significativas de dinero y energía en la prestación de servicios bibliotecarios y de información a la población en general se basa generalmente en tres aspectos:

La política: Se está volviendo cada vez más claro que los libros y más importantemente las bibliotecas, con frecuencia han sido usadas por las clases poderosas en la sociedad en intentos de representar el mundo de formas que sirvan a sus intereses.

La memoria: Las bibliotecas siempre han servido como formas de codificar y mantener un sentido de identidad nacional. A lo largo de la historia grupos e individuos influyentes han creído que las grandes naciones no sólo deben ser política y económicamente independientes, pero también deben establecer su independencia intelectual y literaria.

El producto: El valor de las bibliotecas como mercados especializados de materiales escritos e impresos. Grupos grandes de personas comparten la idea de que las bibliotecas deben ser apoyadas por el estado como medio de fomentar la "producción" académica, científicas y cultural.

Por lo menos tres, si no es que cuatro, tipos de colecciones gráficas contribuyeron al desarrollo general de la forma temprana de la biblioteca. La primera de ellas fue la colección de templo; el segundo, el archivo gubernamental; el terceros, son los registros comerciales organizados; y el cuarto posible, la recolección familiar de documentos o de registros genealógicos.

Otro factor en el desarrollo temprano de las bibliotecas fue la recolección oficial de manuscritos o "depósito legal". Al producirse obras literarias que fueron ampliamente copiadas, hubo que garantizar de la exactitud o integridad, del texto copiado. Los textos históricos pueden variar ligeramente de copia a copia, y mientras los hechos reales no se hayan cambiados habrá poco daño. Pero cuando llegaron a escribirse poemas y obras de teatro, las palabras originales de los autores eran importantes para su valor literario. Por esta razón se colocaron copias oficiales en una colección pública para garantizar que cualquier persona pudiera tener acceso a los textos correctos.

En resumen, lo que comenzó como una colección de registros de los gobiernos, de los templos, de los negocios privados-poco a poco se convirtió en una biblioteca al ser agregados otros materiales de carácter histórico, literario o informativo, y a medida que crecía la colección su uso trascendió a la persona que la formó.. Las bibliotecas se desarrollan cuando las civilizaciones alcanzan su cúspide y disminuyen o son destruidas en períodos de estrés o de conquista. Pero considerando que las bibliotecas podrían ser y fueron destruidas, el concepto de biblioteca, una vez establecido, era indestructible, y desde el comienzo de la historia ha servido un propósito vital como el principal medio de transmisión de la información el tiempo y en el espacio.

China

Las primeras bibliotecas en China surgieron durante la época de la dinastía Shang (los siglos 16 al 11 A.C.) cuando intelectuales conocidos como Shi (historiadores) y Wu (adivinos) pasaron del trabajo manual a un trabajo especial : la creación y difusión de la cultura. Entre los documentos que lograron están "los libros de las esculturas del país, genealogías de la familia imperial, compilaciones de avisos y edictos y eventos importantes y de fenómenos naturales. Construyeron almacenes para guardar registros en diferentes medios para futuras verificaciones y referencias.

En la antigua China, el historiógrafo real estuvo a cargo de los archivos o bibliotecas. Según Biao Ban, el gran historiador de la dinastía Han, el puesto del historiógrafo real fue establecido tan pronto como la edad de oro legendaria en la historia de China. Lao-tze, fundador de la escuela Taoista de filosofía, es el más famoso custodio de la biblioteca imperial durante la dinastía Zhou. Estuvo a cargo de los archivos celestiales, donde se colocaron documentos originales del gobierno. Los huesos de oráculo descubiertos en 1899 en Anyang, indican la existencia de una biblioteca real de huesos y caparazones en 1401 A.C. Con la desintegración del feudalismo, las clases más bajas empezaron a ser más educadas y comenzaron a prestar servicios al gobierno. Terminado el período feudal en China en el 221 A.C., apareció un Imperio unificado bajo Qin Shi-huang-di, el primer emperador de la dinastía Qin. Una serie de medidas cautelares, incluyendo la normalización de la escritura y la censura de la literatura, fueron instituidas por el emperador con el fin de asegurar la unificación. En 213 A.C., por el temor de la fuerte la tradición que los libros mostraban, el emperador decretó que todos los libros, con la excepción de ciertos trabajos técnicos y documentos del estado, deberían ser quemados.

Las bibliotecas chinas antiguas se originaron en las dinastías Xia y Shang , tuvieron un auge en las dos dinastías Han, crecieron en las dinastías Sui y Tang, y tuvieron sus mejores etapas de desarrollo en las dinastías Song y

Qing" . De la dinastía Zhou a la dinastía Qing, se establecieron gradualmente cuatro sistemas de colecciones: (1); colecciones privadas (2) colecciones oficiales; (3) las colecciones de la Universidad; y (4) colecciones de los monasterios. En un sentido tradicional, estos cuatro tipos de colecciones eran cuatro tipos de bibliotecas y reflejaban la evolución rápida de la biblioteca en la antigua China. Los antiguos edificios de almacenamiento de libros eran bibliotecas porque había un sistema de gestión en términos de circulación, adquisición, recolección, clasificación y catálogo; y al mismo tiempo las funciones y procesos de construcción estaban estrechamente relacionadas con la adquisición, préstamos, catalogación, procesamiento, descarte y preservar. Cuando Liu Xiang catalogo las colecciones nacionales en la dinastía Han, había más de 10.000 volúmenes de colecciones nacionales; y en las dinastías del norte y del sur, 12 personas tenían una colección privada de más de 10.000 volúmenes; en la dinastía Tang, 22; en la dinastía Song, 50; en las dinastías Ming y Qing, más de 100".

Egipto

En el Antiguo Egipto (3150 – 1570 AC) existieron dos clases de instituciones: Casas de los Libros, que hacían las veces de archivos para la documentación administrativa y Casas de la Vida, que eran centros de estudios para los escribas y que poseyeron colecciones de las que se podía hacer copias. La escritura, en sus diversas formas, jeroglífica, hierática o demótica, se recogía en rollos de papiro.

Las bibliotecas de Ugarit (en la moderna Siria), 1200 AC., comprenden archivos diplomáticos, obras literarias y las primeras bibliotecas privadas encontradas hasta la fecha. La biblioteca de Asurbanipal, en el siglo VII AC., en Nínive (cerca de la moderna Mosul, Iraq), considerada como la "primera biblioteca sistemáticamente recopilada". Fue descubierta en el siglo XIX. A pesar de la destrucción de la biblioteca, muchos fragmentos de tablas con escritura cuneiforme sobrevivieron, y han sido reconstruidos.

En China se registra en la historia que la dinastía Qin (221-206 AC) tenía bibliotecas. Esta dinastía destruyo toda la información existente previamente quemando libros y asesinando a los estudiosos. La dinastía Han (206-220 AC) no solo construyo bibliotecas sino que también estableció el primer sistema de clasificación de los libros. Estos estaban escritos en finos rollos de seda guardados en bolsas de ese material.

India

En la india los manuscritos en sánscrito, tamil e hindi se guardaban en templos, mutts (escuelas formales), gurukula pathashalas (escuelas informales) , palacios y en casas de pandits (que eran los brahmanes que memorizaban y luego recitaban su contenido. Las copias las hacían en las escuelas para brahmines o en casas de la casta más importante. Los grandes centros de estudio fundados a partir de 450 AC (Takshasila, Nalanda, Vikramshila, Kanchipuran) tenian colecciones de manuscritos con base de hojas de palma sobre teologia, astronomia y muchos otros temas.

Biblioteca de Alejandría

Fue fundada hace dos mil 300 años por instrucciones de Tolomeo I, heredero de Alejandro Magno. Este encarga a Demetrio que la establezca recopilando manuscritos y papiros, y traduciendo las obras de otras culturas. Empieza con la primera traducción del Antiguo Testamento a cargo de 72 rabinos.

Aristóteles convenció a Darío de Macedonia, padre de Alejandro Magno, de educar a los jóvenes de su corte. El primer bibliotecario oficial fue Xenodoto de Efeso, quien ocupó el cargo hasta 245 a.C. Tolomeo II nombró como segundo bibliotecario a Calimaco, quien era conocido como poeta y escritor. También se interesaba en la historia. Su gran obra es catálogo cronológico temático de la biblioteca. Se le conoce como Pinakes (tabletas). Ese catálogo contenía información sobre los textos, sobre los autores y sobre la autenticidad de la obra. Calimaco cataloga 400 mil papiros con más de un capítulo y 90 mil del anexo. Esta fue la "web" de la antigüedad y Calimaco fue el padre de los catalogadores.

La convergencia en una ciudad de 700 mil volúmenes, provenientes de todo el imperio macedonio y luego del romano, de centenas o miles de estudiosos y profesores, y de miles de jóvenes deseosos de aprender dieron origen a la primera gran comunidad dedicada al conocimiento: la primera gran universidad, donde no sólo se acopiaba sino se creaba información nueva. Esta comunidad perduro más de cinco siglos. Ahí, por ejemplo, a partir de un acervo de mapas recopilados de muchos reinos dispersos, se elaboró el primer mapamundi

En 59 a.C. el historiador Diodoro de Sicilia, quien había visitado Alejandría una década antes de la invasión de Julio César, cuenta que su descripción del Mar Rojo se basa en documentos de la biblioteca. En el año 48 a.C. Strabo escribe que ya no existía la biblioteca principal. Fue destruida "en un accidente militar" por César.

El emperador Teofilo emite un decreto que permite a la población destruir el anexo, en un suceso contemporáneo a la caída del Gran Imperio Romano. De esa forma desapareció el más grande (y casi único) acervo de información acumulada a lo largo de muchos siglos de la cultura mediterránea. Comenzó la Edad Media, llamada por muchos Edad Oscura. Durante esta epoca la información que quedaba estaba almacenada en unas cuantas bibliotecas ubiocadas en monasterios y palacios. La información que se perdio provoco un gran retroceso en la civilización occidental.

La destrucción de la Universidad de Alejandría (ataque de denegación de servicio) ilustra dos principios básicos de la seguridad de la información: a) la necesidad de tener respaldos fuera de sitio para garantizar la disponibilidad de la información y, b) la conveniencia de tener un plan para asegurar la continuidad de las actividades.

Medio Oriente

La Biblioteca de Pérgamo (en lo que actualmente se conoce como Turquía), del siglo III AC bajo la dinastía atálida, que creó la segunda mejor biblioteca helenística tras la de Alejandría,

Las grandes bibliotecas de los monarcas asirios y egipcios no eran conocidas por los griegos en la época de Alejandro el Magno. En Grecia hay menciones de la biblioteca reunida por Pisistrato, que es llamada "primera biblioteca pública" por Aulus Gellius. También Policratos de Samos, Nicocrates de Chipre, Euclides, Eurípides y Aristóteles tenían colecciones privadas.

Las Casas de la Sabiduría.

La devastadora destrucción de la Universidad de Alejandría no acaba con la civilización mediterránea gracias a los estudiosos árabes, quienes realizaron traducciones de los principales libros y los llevaron a Bagdad y otras ciudades orientales.

El movimiento de la traducción, que comenzó con la accesión de los Abasí al poder y se llevó a cabo principalmente en Bagdad, representa un logro asombroso que, independientemente de su importancia para la filología árabe y griega y la historia de la filosofía y la ciencia (aspectos que han sido abrumadoramente estudiados hasta la fecha), difícilmente puede ser comprendido y representado si no que como un fenómeno social (el aspecto que ha sido muy poco investigado). El movimiento de la traducción del griego al árabe duró, en primer lugar, más de dos siglos; No fue un fenómeno efímero. Fue apoyado por la élite entera de la sociedad Abasí: califas y príncipes, funcionarios y jefes militares, comerciantes y banqueros, académicos y científicos; No fue el proyecto de ningún grupo en particular para apoyar su agenda. Fue subvencionado por un enorme desembolso de fondos, tanto públicos como privados; No fue el resultado de los intereses de unos pocos individuos excéntricos que, en cualquier edad o tiempo, pueden disfrutar de arcanas búsquedas filológicas y textuales que en términos históricos son irrelevantes.

La importancia histórica de las conquistas árabes difícilmente puede ser sobrestimada. Egipto y el creciente fértil se reunieron con Persia y la India, política, administrativa y lo más importante, económicamente, por primera vez desde Alejandro Magno y por un período que iba a durar considerablemente más largo que su breve vida. La gran brecha económica y cultural que separaba el mundo civilizado por mil años antes de la aparición del Islam, la frontera entre el este y el oeste formado por los dos grandes ríos que crearon poderes antagónicos a ambos lados, dejó de existir. Esto permitió la libre circulación de las materias primas y productos manufacturados, productos agrícolas y artículos de lujo, personas y servicios, técnicas y habilidades e ideas, métodos y modos de pensamiento

Después de las conquistas árabes iniciales en Siria, Palestina y Egipto, el traslado de los gobernantes Árabes y de la tribu hacia zonas de habla griega hizo la traducción del griego al árabe inevitable en los círculos del gobierno y en la vida cotidiana a lo largo del periodo omeya. La necesidad dictaminaba que, por razones de continuidad, los primeros Omeyas mantuvieran a los funcionarios de habla griega y la lengua griega fue la de su administración imperial en Damasco. Fue sólo durante el reinado de ' Abd-al-Malik o a su hijo, Hišām (r. 685 – 705 y 724 – 43 respectivamente), que el aparato administrativo (dīwān) fue traducido al árabe por algunos de los burócratas de Umayyad, entre los cuales se mencionan Sarġğūn ibn-Manṣūr ar-Rūmī y su hijo, Manṣūr,.

Todas estas actividades de traducción durante el periodo omeya son instancias de adaptación a las necesidades de los tiempos, generados por la dominación árabe sobre pueblos no árabes. La mayor parte del material que fue traducido – administrativo, burocrático, político y documentos mercantiles – fue traducida por razones de conveniencia y por la necesidad de comunicación entre los nuevos gobernantes y los pueblos que usaban otras lenguas.

El material científico de la India en medicina, astronomía, astrología y matemáticas pasó al árabe principalmente a través de intermediarios persas

(Pahlavi) durante el período Abasí y como tal debe ser visto en el contexto de las traducciones directas. La traducción del sánscrito parece que no se hicieron o que se limitaron principalmente a textos astronómicos, algunos de los cuales, según Pingree, fueron traducidos en Sind y Afganistán en épocas pre-Abasí. Las traducciones del sánscrito fueron sin duda muy importantes para el desarrollo de los principios de la astronomía Abasí.

Después de la conquista árabe de Persia, es natural esperar traducciones del persa al árabe, como es el caso griego. De hecho, algunas de las primeras traducciones de Pahlavi comparten el mismo propósito administrativo con las del griego. Al igual que los funcionarios del estado en Siria y Palestina durante el periodo omeya la traducción del aparato administrativo del griego al árabe, sus contrapartes en las regiones orientales del Imperio islámico hicieron lo mismo para Pahlavi.

El movimiento de la traducción greco-árabe es un fenómeno social muy complejo y ninguna circunstancia individual, conjunto de eventos, o personalidad puede ser señalado como su causa. Una variedad de factores contribuyó decisivamente en su desarrollo y sustentación, y no se ha elaborado ninguna teoría o conjunto de teorías que puede comprender su histórica multiforme.

A lo largo de los mil años entre la muerte de Alejandro Magno y el ascenso del Islam, a pesar de las constantes luchas entre los gobernantes de Roma y Persia, Siria era el hogar más estable para aprender griego. Cuando en 529 el emperador Justiniano cerró la escuela de Atenas, poniendo el aprendizaje bajo control eclesiástico, los maestros exiliados en Atenas buscaron refugio en el antiguo enemigo de todo lo griego: Persia. No fue una opción extraña; como sucede a menudo en los conflicto, la larga enemistad entre Persia y Grecia había fomentado un contacto cercano entre las dos culturas. Mientras que Alejandro y sus sucesores — no sólo los Ptolomeos egipcios pero también la dinastía Seleucida, fundada en Siria por otro de los generales de Alejandro — había promovido aprender griego en la cultura dominante del Cercano Oriente Nestoriano. Copistas cristianos en Siria conservaron la ciencia mientras desdeñaban la literatura de los griegos, prefiriendo la tradición poética Persa en su lugar. Y ahora el Tribunal de Noshirvan en Persia les ofreció espacio a los profesores exiliados de Atenas

Los tesoros de las bibliotecas persas — que a través de los siglos de conflicto con Grecia se habían llenado no sólo con los textos persas, pero con la ciencia y la filosofía del mundo helénico — se abrieron a los traductores. Ahora, bajo las manos de los calígrafos, la ciencia griega siguió a la poesía persa hacia el árabe. Así comenzó una época musulmana de las bibliotecas que iba a durar mil años, entregando finalmente un patrimonio griego común a las manos de un advenedizo: Europa

La Cultura musulmana y sus bibliotecas crecieron con una velocidad asombrosa. A finales del siglo VIII, la dinastía abasí hizo de Bagdad un centro de aprendizaje mundial. Sus predecesores, los califas Omeyas, ya había privilegiado los libros y el aprendizaje. Habían construido grandes bibliotecas sagradas en su capital en Damasco y en la mezquita al-Aqsa en Jerusalén. El primer califa omeya, Muawiya I, nombró un sahib al-masahif, o curador de libros, para cuidar de su biblioteca real, que tenía no sólo escritos sagrados sino también escritos en las artes y las ciencias; se convirtió en una floreciente biblioteca universal parecida a Alejandría. Pero cuando los abasidas derrocaron a los omeyas en el Oriente, los libros comenzaron a fluir hacia su nueva capital en Bagdad.

El éxito en esta nueva carrera llamo la atención del príncipe al-Mamun, quien tomó el Califato de su hermano en 813. Cuando el viejo murió, el Califa asumió la tutela de sus tres hijos intelectualmente precoces, nombró a los eruditos de la Real Casa de la Sabiduría. A la vez una biblioteca, una escuela y un centro de investigación, la Casa de la Sabiduría respondió a todas las necesidades de los jóvenes dotados intelectualmente. Así en una generación, la familia de Musa ibn Shakir paso de delincuentes menores a las alturas del poder académico.

La Casa de la Sabiduría fue el centro de traducción, compilación y comparación de la sabiduría de los pueblos bajo el dominio musulmán desde la India hasta la Península Ibérica. El traductor árabe de Euclides, al-Hajjaj, trabajo allí junto al-Khwarizmi, inventor del álgebra, de cuyo nombre tomamos la palabra "algoritmo". Leyendo tratados recogidos en la biblioteca de la Casa de la Sabiduría hindú, al-Khwarizmi adaptó el sistema de numeración hindú para adaptarlo a sus propios fines, dando origen a la numeración arábiga que utilizamos hoy. En la Europa cristiana en la edad media, se limitaba el conocimiento del libro ilustrado a los estratos más altos de la sociedad: sólo los más grandes del clero y la nobleza podían cubrir el enorme costo de producir los evangelios, misales y breviarios iluminados. En el mundo musulmán más mercantil, por el contrario, el buen gusto en libros era un requisito previo del comerciante.

Fueron no sólo libros individuales sino bibliotecas enteras que la elite musulmana obtuvo. La España árabe tenía setenta bibliotecas, la mayor habiéndose establecido por el Califa Hakim en Córdova en 976. Córdova en aquel momento estaba en segundo lugar en tamaño entre las ciudades europeas solamente después de Constantinopla; un sistema trajo agua a 200.000 hogares y novecientos baños públicos, mientras que la ciudad se iluminaba en la noche con el alumbrado público. Según el historiador Ibn al-Abar, el catálogo de la biblioteca al-Hakim llego a cuarenta y cuatro volúmenes, y los libros contados entre 400.000 y 600.000, dos o tres libros para todas las casas de la ciudad y un impresionante logro en un momento cuando ni siquiera las mayores bibliotecas europeas tenían pocos cientos de volúmenes. En Córdoba y Toledo, que fue conquistado por los cristianos en el año 1085, el patrimonio greco-persa de la ciencia árabe fue traducido al latín, la lengua en la que sobreviviría la destrucción de la cultura intelectual Árabe a manos de los turcos, los mongoles y los cruzados.

Cualquiera que sea la historia que se cuente sobre el destino de los libros de Alejandría bajo Omar, parece cierto que sobrevivieron a su reinado, puesto que un gran número de libros de la biblioteca fueron llevados a Antioquía bajo su sucesor, Omar II. Cuando la dinastía fatimí estableció su capital en el Cairo, donde el califa al-Aziz construyó una biblioteca como parte de su gran "Casa de Aprendizaje". Contenía quizás 600.000 volúmenes, incluyendo 2.400 coranes iluminados. El resto de los libros fueron mantenidos en grandes prensas o armarios. En cada una de ellas habia una lista de los libros que contenía — así como una nota nombrando los títulos necesarios para completar las colecciones. En 1004, el califa al-Hakim tuvo su propia "Casa de la Sabiduría", con un contenido de unos 1,5 millones de libros.

En la Península Ibérica se desarrolla el llamado emirato de Córdoba, dependiente de Damasco. Durante el califato de los omeyas (661-750), nunca se dio a España ninguna importancia. En 750 los omeyas fueron reemplazados por los abasíes (750-1100), cuya capital era Bagdad. España era meramente conocida como "el distrito de al-Andalus". Los abasíes ordenan la muerte de todos los príncipes omeyas, pero un nieto consigue escapar y llegar a al-Andalus. En 756 fue proclamado emir de Córdoba iniciándose uno de los periodos más ilustres de la historia del Islam.

En el siglo X se dio un enorme desarrollo de las ciencias y las artes que sería la base del Renacimiento europeo. Al-Andalus llegó a contar con 70 bibliotecas públicas. La biblioteca principal tenía 400 mil tomos. Las bibliotecas de Europa no musulmana tenían menos de 100 libros. Un manuscrito andalusí en papel de algodón del año 1009, prueba que los musulmanes fueron los primeros en sustituir el pergamino por el papel.

La avalancha de obras almacenadas en Alejandría, que desaparecieron, y luego en al-Andalus (principalmente en Córdoba) no llegó al público. Las copias de esas obras se llevaban a cabo laboriosamente a mano. El tener y usar libros era un privilegio de las elites económicas o culturales. La distribución de la información no había avanzado desde la época de Homero.

La supervivencia de la cultura después de los repetidos ataques de denegación de servicio que se han mencionado ilustra dos principios básicos de la seguridad de la información:

a) la necesidad de tener respaldos fuera de sitio para garantizar la disponibilidad de la información

b) la conveniencia de tener un plan para asegurar la continuidad de las actividades.

América

Los amoxcalli.

Los amoxcalli existían en un número importante de poblados y ciudades de gran trascendencia cultural. Con base en las crónicas, de las ciudades que se tiene conocimiento exacto en donde existían estos recintos prehispánicos son: Texcoco, Tenochtitlán, Mérida, Tula, Maní, Tlatelolco y Tlaxcala. Tenían entre sus principales funciones el acopio, el resguardo, la organización y la preservación de los libros pintados del México precortesiano, entendiendo por

- acopio la recopilación de los amoxtli realizados por los tlacuilos;
- resguardo, la actividad en la cual el amoxcalli protegía a los materiales de cualquier ataque físico o humano que pudiera afectar los códices;
- organización, el mecanismo que empleaban los cuidadores de libros (amoxtlamalhuiani) para la sistematización de sus colecciones;
- preservación, el sistema manejado por los tlacuilos a la reposición de los materiales deteriorados por el uso, así como la conservación física por medio de reestructuraciones de los mismos.

Las bibliotecas prehispánicas y sus "escribanos-pintores" formaban parte importante de los recintos civiles y religiosos, los cuales almacenaban y creaban –respectivamente– las obras que detallaban los acontecimientos del momento, de acuerdo a las necesidades del gobernante en turno. Esto llevó a construir importantes bibliotecas en donde el almacenamiento de la información debía estar estrictamente organizado para su difusión y consulta, pero sobre todo protegido para conservar en gran medida la memoria de las naciones existentes en ese momento.

Se desconoce a ciencia cierta a partir de qué fecha se comenzaron a elaborar en Mesoamérica, pero se tienen vestigios de códices mayas que fueron encontrados en tumbas de Guatemala y Belice que datan de los años 300 al 600 DC. (Periodo Clásico Temprano). Pero lo que sí se sabe es que se siguieron produciendo hasta el siglo XVII, más de doscientos años después de la conquista de Tenochtitlán, siendo llamados ya para esta época "testimonios pictóricos" o "joyas pictográficas", por representar imágenes y desconocer su contenido y su forma de lectura, debido en su gran mayoría a la desaparición total de los tlacuilos que pudieran dar sentido a la información inmersa en ellas. Así mismo, otro vestigio de la existencia de los códices se encontró en un enterramiento maya en el Mirador en el estado de Chiapas y que data del año 250-500 d.C.4

Dentro de las bibliotecas prehispánicas, la organización y acomodo físico de los códices se realizaba agrupándolos por especialidad (cronológicos, territoriales, tributarios, religiosos, astronómicos, genealógicos, etcétera), ubicando a todos los pertenecientes a un área del conocimiento humano de aquella época en un solo lugar para su fácil consulta y manejo, separa dos por formato (tira, biombo, rollo, lienzo, etcétera). Aunque se desconoce a ciencia cierta, debió haber existido en cada amoxcalli un registro de todos los códices que en él se almacenaban, con la finalidad de su pronta ubicación y consulta.

Denegación de servicio

Tras la Conquista de México, los códices fueron destruidos en grandes cantidades, por considerarlos muestra de la idolatría de los indígenas. Lamentablemente no existe ninguno de estos registros y los códices han mermado tanto desde la llegada de los españoles que en el mundo sólo existen menos de una veintena de los elaborados en la época precolombina. Solo se logró rescatar la cultura mediante lo que recordaban los habitantes que fue recopilado por algunos religiosos españoles.

La organización del conocimiento en los *amoxcalli* y el contenido de *amoxtli* aportaron importantes elementos para la elaboración de nuevos documentos y la organización del conocimiento en las bibliotecas coloniales durante el primer siglo de la conquista española, sobre todo en lo que se refiere a la creación de materiales prehispánicos que permitieron a los conquistadores tener una influencia directa de los grupos indígenas y coordinar, al mismo tiempo, la administración de las tierras y riquezas, así como de su distribución.

La ciencia y la cultura, junto con diversos aspectos religiosos e históricos de la época prehispánica, fueron destruidas por los conquistadores al sentirlos una amenaza. Es muy difícil hacer conjeturas de cuáles eran los principales avances científicos y culturales que poseían los grupos indígenas de América antes de la llegada de sus conquistadores pues quedan pocos vestigios que documenten dichas actividades.

La desaparición total de los amoxcalli y la destrucción indiscriminada de los amoxtli, lograron uno de los objetivos primordiales de los españoles, que era la implantación de su religión, cultura y legislación, sin darse cuenta que la información contenida en estos locales y obras representaban no sólo la historia y religión de los pueblos vencidos, sino una forma bien estructurada de gobernar, manejarse económicamente y administrar el poder para el beneficio común.

Ejemplos lamentables de la destrucción de los códices y de sus recintos de resguardo y lectura son los que presentan en sus crónicas los frailes quienes a pesar de su interés en estas obras y sabiendo que podían ser leídas y que guardaban grandes conocimientos participaron en su destrucción o más bien dicho en su aniquilación. Los códices fueron destruidos en grandes cantidades, por considerarlos muestra de la idolatría de los indígenas. El contenido del acervo más grande, el de Texcoco, fue trasladado a la plaza de Tlaltelolco. Allí se acumularon también todos los tonalamtl de otros acervos del valle de México. La gran pila de obras fue incinerada cubriendo el humo toda la ciudad en 1539. En Mani, Yucatán en 1562 se realizó en una cueva otra enorme quema de códices que contenían los conocimientos de los mayas.

El ataque de denegación del servicio que se dio en Mesoamérica durante la conquista fue devastador. Todas las culturas que sobrevivieron regresaron a la tradición oral. Todo Mesoamérica tuvo que volver a empezar a desarrollar su civilización, pero sin escritura, pues el uso del castellano fue muy limitado, y ajeno a los pueblos. Lo mismo sucedió en Sudamérica, donde fueron destruidos todos los acervos de quipu, sobreviviendo solo algunos cientos.

El desconocimiento del valor cultural, histórico, religioso y científico de los códices y de quipus y de sus "casas" donde se guardaban fue motivo para que los españoles llevaran un proceso sistemático de su destrucción. Así mismo, la búsqueda de riquezas, la apropiación de tierras y el proceso evangelizador de los indígenas fueron inspiraciones fundamentales para que estas importantes fuentes de información fueran destruidas en tan poco tiempo.

Desafortunadamente no había un respaldo fuera de sitio, como ocurrió en Alejandría. Si solo se hubieran destruido los acervos de una cultura quizás se hubiera dado un renacimiento mesoamericano. Como la destrucción fue total se perdieron los conocimientos de esas civilizaciones. Esto probablemente adquiere su mayor relevancia en el caso de los herbolarios, pues en Mesoamérica había especies desconocidas para los europeos.

Los españoles comenzaron a fundar conventos y monasterios con miras a la evangelización de indígenas del Nuevo Mundo y terminar así con sus "malos dioses" que provocaban un salvajismo comunal. Esto llevó como consecuencia a la creación de bibliotecas y al desarrollo de colecciones documentales que permitieran un progreso del clero, pero sobre todo que facilitaran el proceso evangélico de las naciones conquistadas, lo cual implicaba conocer la cultura, costumbres y religión indígena para realizar el proceso lo "menos doloroso posible".

En el aspecto económico, desde 1530 la corona española instruía a sus corregidores que pidieran a los indios los códices para que se marcaran en ellos los tributos recibidos para seguir con esta tradición; pero años más adelante, el uso de los códices no solo tuvo valor económico, sino además para darle legalidad a los litigios, tasaciones de tributos locales y generales, trámites administrativos, etcétera. Al darse cuenta los españoles del gran valor de los códices y de su complejidad temática, y viéndolos como una excelente herramienta para conocer los aspectos de las culturas del antiguas, como su historia y organización política, los sistemas tributarios, lo relativo a la tenencia y usufructo de la tierra, los recursos naturales y la producción, la religión y la cuenta del tiempo, con el objeto de fundamentar sus sistemas de dominio y evangelización, permitieron y fomentaron la elaboración de estas fuentes y con ello una influencia directa en la cultura, economía y proceso de evangelización del momento.

La influencia que proyectan los códices y el interés por las culturas prehispánicas por parte de los conquistadores, también se ven reflejados en la transcripción con caracteres latinos y en papel europeo de distintas obras pictóricas. Los indígenas leían en voz alta las obras y se anotaban los sonidos que producían mediante los fonemas expresados en el alfabeto. Tal es el caso de los códices mayas que ahora conocemos como libros del Chilam Balam, en los que se consignaron diversos asuntos escritos en maya yucateco, así como el Popol Vuh que de acuerdo a los versados sobre el tema también es un códice transcrito.

Debido a que muchos códices coloniales se han considerado como pictografías "híbridas" de importancia secundaria porque ya fueron elaborados bajo la influencia española, éstos tuvieron una influencia mayor en la visión que los conquistadores y evangelizadores tenían de nuestras culturas. Ello se muestra en las glosas en español o latín que presentan algunos documentos como concordancia y complemento del lenguaje glífico, por la influencia en la forma de pintar a los personajes y la visión de la lectura de los mismos.

Uno de los principales recintos evangelizadores y educadores que surgió dos décadas después de la conquista y que contó con una de las bibliotecas conventuales más ricas y numerosa fue el Colegio de Tlatelolco, abierto alrededor de 1542. Fue lugar en donde se redactó la mayor cantidad de libros publicados en náhuatl y en el que maestros, y estudiantes lucharon por la conservación del conocimiento y la cultura indígena del momento y en donde las ciencias naturales produjeron un gran impacto, sobre todo en la medicina tradicional indígena y el uso de la herbolaria. Aquí mismo, la influencia indígena de los *tlacuilos* y de sus obras se vivió en carne propia, debido a que en este colegio se instruía a los jóvenes en diversas artes como pintura, música, encuadernación e impresión de libros, y con ello se fomentaba la edición de obras evangelizadoras en lengua natural y con una influencia indígena en su contenido y en su aplicación.

Progreso de la Seguridad de la Información.

Disponibilidad

En la Edad Media, después de la destrucción de la biblioteca de Alejandría, se fueron reconstruyendo en Europa, excluyendo a la península ibérica, pequeños acervos de pergaminos y libros manuscritos en monasterios, iglesias y palacios. Estos acervos inicialmente contenían algunas decenas de títulos. Llegaron a contener centenas de títulos mediante la difusión de copias de obras.

Este proceso fue lento y era costoso, Cada documento tenía un alto valor tanto por su costo como por la información que contenía. Se decía entonces que los libros eran el alimento y las armas del espíritu. Cuando un acervo perdía alguno de sus títulos era difícil obtener una copia. La falta disponibilidad de la información debida a la pérdida de un título se trataba de mitigar colocando en el colofón una maldición que recaería sobre quien robara o mutilara la obra. Esta tradición subsistió durante siglos, y es la continuación de las costumbres egipcias, persas e hindúes. Se empleaba pues un mecanismo de protección basado en la cultura prevaleciente.

Además los acervos se construían con diversas habitaciones para diversas colecciones de títulos afines. Estas habitaciones, salas de lectura para colecciones específicas, se mantenían cerradas y para acceder a una de ellas se solicitaba la llave al bibliotecario de esa colección. Alrededor de 1270, el dominico Humberto se emite el primer documento sobre las buenas prácticas de la conservación de libros que reglamentaban las responsabilidades de los bibliotecarios. Cada libro tenía una barra a lo largo de la espina, y a ambos extremos de la barra de colocaba una cadena. Dentro de estas habitaciones los libros se colocaban en anaqueles con el lomo hacia adentro, y el lector podía tomarlo y ponerlo sobre un atril para leerlo pues las cadenas eran suficientemente largas para permitir extraerlo del anaquel, aunque el libro permanecía encadenado. Esta forma de preservar la información se continuó empleando hasta el siglo XVIII. En la catedral de Hereford, Inglaterra se puede todavía hoy visitar la biblioteca encadenada más grande que ha llegado a nuestros días.

En algunos acervos se colocaban pequeñas jaulas, o cubículos, en las que se introducían los lectores mientras leían un libro encadenado. La protección de acervos completos se lograba transportando todo el acervo en caso de que se sospechara la existencia de algún riesgo catastrófico. Se sabe que la biblioteca de la Abadía de San Galo en Suiza fue llevada a la Abadía de la isla de Reichenau en el lago Constanza en el sur de Alemania ante la inminencia de una invasión de los húngaros. No era factible reproducir todo un acervo y tener la copia lejos del original. La disponibilidad de la información se basaba en el control de acceso a la misma y en la seguridad física de los acervos.

Autenticidad e Integridad de la información.

Con la invención de la escritura aparece la falsificación. La complejidad y el costo de la reproducción de los documentos impedían que se hicieran muchas copias. Casi todos los documentos eran únicos. Cualquier alteración que se hiciera en el contenido de un documento afectaba entonces la integridad de la información. Era necesario que el autor de cada documento lo marcara con signos que indicaran su origen, como por ejemplo firmas o sellos, para lograr la autenticidad de la información. Uno de esos signos era en sí misma la escritura, pues los textos escritos por manos distintas muestran diferencias.

En realidad, el interés por la autenticidad de la escritura es muy antiguo .Por ejemplo, en Egipto, era considerada como algo sagrado y en China se le tributaba un culto especial. Posteriormente se pueden encontrar innumerables citas sobre los escritos de personajes de distintas épocas en las que se hacían reflexiones acerca de su escritura, de las que se deducían algunos rasgos de su forma de ser. Para poner simplemente un ejemplo, el historiador Suetonio dice refiriéndose a la escritura del emperador Augusto que no separa las palabras y que no pasa a la línea siguiente las palabras que le sobran al final de una línea, sino que la coloca debajo, envueltas en un rasgo.

La grafoscopía nace, al igual que la grafología, en base a la existencia de la escritura. Toda persona posee una escritura propia y diferente de las demás, principio de base científica corroborado a través del tiempo que sirve como fundamento a la hora de realizar un análisis dirigido a determinar ña autoría grafica de un texto o firma. No se pueden disimular ó modificar todos los elementos de la grafía habitual; asimismo, el intento de cambio deja señales que pueden ser detectadas por un experto.

 Las manipulaciones pueden afectar el contenido informativo y las características fisicoquímicas y/o gráficas del documento, es decir, sus elementos alegóricos (emblemas, signos, letras, etc.), el sustrato material (grafito, tinta, etc.) o bien el soporte físico del mismo (papiro, pergamino, papel, etc.). Estas manipulaciones son detectables y permiten mitigar los riesgos de disminución de la integridad y la autenticidad.

Confidencialidad

La confidencialidad de la información escrita se logra mediante el cifrado, o sea usando técnicas para que el texto sea ilegible. Hay dos métodos básicos para hacer ilegible un texto: la substitución y la transposición. Esto sirve para mitigar los riesgos de perdida de la confidencialidad. Si se usa un conjunto de símbolos distintos a los del idioma adoptado el destinatario solo puede leer el texto si conoce la tabla de equivalencia de los símbolos. Se usa la substitución. Si se preservan las letras del texto cambiando solamente su orden se usa la transposición. Cuando se empezó a usar el lenguaje escrito muy pocos podían en entenderlo. En sí mismo constituía una forma de mantener la confidencialidad de la información. Al hablar todos entendían lo que se decía, pero al escribirlo muy pocos lo entendían. Al transcurrir el tiempo más personas se "alfabetizaban", es decir podían leer el lenguaje escrito sin necesariamente poder escribirlo. Surgió la necesidad de alterar el lenguaje escrito de acuerdo con algún algoritmo para hacerlo incomprensible.

En China se usó un método que consistía en escribir el documento en forma vertical y cortar la tira en varias partes. Las partes se enviaban con mensajeros distintos. Solo cuando llegaban todos los pedazos se podía conocer el mensaje en forma inteligible. Este método separa al producto final de su significado, pero no es en realidad una transformación del lenguaje escrito. Esto da origen a la protección de la confidencialidad de la información en movimiento.

En el siglo VII AC Archilochus menciona un dispositivo criptográfico llamado excítala que se empleaba para mitigar el riesgo que sufre la información tanto en movimiento como en reposo. Este dispositivo consistía en dos bastones cilíndricos con exactamente el mismo diámetro que poseían los dos corresponsales. El emisor del mensaje enrollaba en su cilindro una tira de piel y escribía su mensaje en forma tal que las letras se colocaran en tiras adyacentes. Al terminar un renglón se giraba el bastón envuelto en piel un Angulo suficiente y se iniciaba el siguiente renglón de la misma forma. Al desenrollarse la piel se tenía una tira en la que aparecían las letras del mensaje pero en un orden distinto al original. Primero estaban todas las letras iniciales de cada renglón. Al terminarse esta secuencia aparecían las segundas letras de cada renglón y así sucesivamente. El destinatario sencillamente enrollaba la tira en su bastón y leía el mensaje. Si alguien interceptaba la tira y no tenía un bastón exactamente del mismo diámetro le resultaba difícil reconstruir en mensaje. Sobre todo porque en esa época casi nadie sabía leer y escribir. Este dispositivo implementaba lo que hoy se conoce como un sistema de cifrado por transposición. Se cambia el orden de las letras de un escrito según un algoritmo y solo quien conoce el algoritmo lo puede reconstruir.

Otra forma de asegurar la información en movimiento que data de la antigüedad consistía en afeitar la cabeza de un mensajero, tatuar en el cuero cabelludo el mensaje a transmitir, esperar a que volviera a crecer el cabello y entonces enviar al mensajero al destino de la información. Este método hoy en día se clasificaría como esteganografía, es decir la técnica de enviar un mensaje sin que el contrincante sepa que se está transmitiendo un mensaje y por tanto no lo pueda interceptar.

En 1900 AC un escribano egipcio usa por primera vez la criptografía escrita para proteger la confidencialidad de la información en reposo, empleando jeroglíficos especiales que muy pocos entendían. Esto constituye un cifrado por substitución. Una tableta mesopotámica que data de 1500 BC contiene una la formula cifrada de un vidriado para fabricar cerámica. Sun Tzu en 500 BC recomienda una pequeño código que emplea

40 elementos conocidos y los asigna a los primeros 40 caracteres de un poema, creando la primera tabla de substitución.

En la China feudal (1000 BC) en el región de Jiang-yonh, provincia de Hunan las mujeres inventaron un sistema propio para escribirse sin que los hombres lo supieran. Frecuentemente bordaban sus mensajes y los intercambiaban con las prendas bordadas. En la India se menciona en el Kama-sutra dos formas de preservar la confidencialidad de la información. Una, llamada kautilyam es un sistema de cifrado por substitución basado en las relaciones fonéticas de los símbolos intercambiando símbolos que representen sonidos parecidos. Otro llamado muladeviya consiste en alterar el orden de las palabras en un texto para que sea ilegible excepto para quien conoce la regla para la alteración del orden. Esto es un sistema de cifrado por transposición.

Aeneas Tacticus en el siglo IV BC escribe el primer tratado sobre sistemas de cifrado por transposición. Polybius (ca. 203–120 BC) propone un algoritmo de substitución basado en el uso de múltiples alfabetos ordenados geométricamente.

Criptoanálisis.

Cuando es necesario intentar leer un documento ilegible, pero que se piensa que no se trata de una serie de letras formada al azar hay que recurrir a las técnicas del criptoanálisis. Las letras que se usan en cada idioma tienen una frecuencia de ocurrencia que es característica del idioma. Entonces hay que hacer un análisis de las frecuencias de ocurrencia de las letras en el mensaje cifrado, y comparar esas frecuencias con las de los idiomas conocidos. Esta característica de los idiomas fue notada por primera vez por estudiosos musulmanes que estudiaban el Corán y analizaban con cuidado las palabras y letras que allí aparecen. El autor de la primera publicación al respecto es Abu Yusuf Yaqub ibn Ishaq al-Sabbah Al-Kindi en el siglo IX en Bagdad.

Durante siglos el análisis de múltiples idiomas basado en esta propiedad fue un secreto celosamente guardado por muchos gobiernos. Estos estudios tomaban también en cuenta la frecuencia relativa de bigramas, trigramas y de combinaciones características de letras. Otro elemento se relaciona con las palabras más frecuentes. En realidad lo que se construye es un modelo del idioma, definiéndose "modelo" como una distribución de probabilidad sobre cadenas de letras que intenta reflejar la frecuencia con la que las cadenas aparecen en oraciones de texto natural. Las frecuencias y la ordenación de n-gramas anteriores constituyen una estimación, suficiente, pero solo una estimación. Por tanto conviene notar que es más fiable la estimación por frecuencia de las letras que la de los bigramas, y mejor la de los bigramas que la de los trigramas.

La redundancia es una medida del excedente relativo de signos con relación al número mínimo que habría sido necesario para transmitir la misma cantidad de originalidad. La información nueva o esencial que se define como la diferencia entre la cantidad total de datos de un mensaje y su redundancia es la entropía del mensaje. La entropía de un flujo de informaciones un indicador de su complejidad. La entropía de un texto refleja el idioma en que se escribió dicho texto. La entropía de un texto escrito en un idioma dado se convierte en un mecanismo para identificar de qué idioma se trata. El primer tratado sobre criptoanálisis aparece en 1412 y es escrito por al-Kalka-shandi quien en un tratado sobre sistemas criptográficos incluye instrucciones explicitas para descifrar mensajes usando la frecuencia de aparición de las letras.

La entropía puede ser entendida como la cantidad de información promedio que contienen los símbolos usados. Los símbolos con menor probabilidad son los que aportan mayor información (por ejemplo, si se considera como sistema de símbolos a las palabras en un texto, palabras frecuentes como "que", "el", "a" aportan poca información, mientras que palabras menos frecuentes como "corren", "niño", "perro" aportan más información). Cuando todos los símbolos son igualmente probables (distribución de probabilidad plana), todos aportan información relevante, y la entropía es máxima. La entropía de un texto escrito en un idioma dado se convierte en un mecanismo para identificar de qué idioma se trata. Una ley empírica (Ley de Zipf) propone que un pequeño número de palabras son utilizadas con mucha frecuencia, mientras que un gran número de palabras son poco empleadas. En esta ley se basa la economía lingüística: las palabras que más utilizamos son más cortas y así requieren menos energía, por ello es el uso de una lengua el que acaba por imponer esta ley.

En el criptoanálisis de un texto de idioma desconocido se requiere distinguir cuál de todos los intentos es el resultado apropiado. Para ello se aprovecha la entropía del resultado, una característica de los idiomas, para decidir si el resultado es aceptable, y puede ser leído por quien conozca el idioma correspondiente.

Esta metodología de criptoanálisis es la que lleva a los sistemas criptográficos modernos en los que se hace énfasis en ocultar la entropía del texto que se está cifrando. En su versión más extrema si usando alguna operación que emplee alguna clave se combinan los símbolos que constituyen el texto con una secuencia verdaderamente estocástica de símbolos que tenga la misma longitud que el mensaje original es imposible descifrar el mensaje.

Las lenguas escritas alfabéticamente, o sea que representan a un fonema con un símbolo (letra), en realidad son un reflejo del idioma verbal. Las características estadísticas provienen entonces de aquellas del lenguaje hablado.

El estudio del origen y evolución de las lenguas es una disciplina complicada y controversial. Uno de los enfoques se basa en el análisis de los idiomas conocidos y su clasificación. De esta manera se pueden describir familias de idiomas con características lingüísticas comunes que posiblemente provengan de un idioma "madre". Cuando se logra proponer una colección de lenguas madres, se sigue un procedimiento semejante y se intenta reconstruir la lengua madre de todas las lenguas madres. La descripción de esta lengua puede dar indicaciones sobre las características estadísticas de los idiomas.

Otro de los enfoques para acercarse al entendimiento de esta disciplina consiste en estudiar como aprenden un idioma los niños Hay que tratar de entender como logran distinguir sonidos con significado de aquellos que constituyen el ruido sonoro de fondo. A los seis meses empiezan a adquirir la capacidad para categorizar la percepción de los contrastes sonoros nativos. A los 11 meses pierden la habilidad de percibir algunos contrastes no nativos. A los 9 meses discriminan entre combinaciones de sonidos "posibles" de las que son imposibles, es decir las que no quieren decir nada.

Los niños son capaces de saber que un fonema dado probablemente este seguido de otro y que es muy poco probable que este seguido de otro que sea distinto. O sea que distinguen al lenguaje del ruido del entorno sonoro por la probabilidad de ocurrencia de secuencias de silabas o fonemas. Esto se puede deber a que prestan más atención a secuencias muy probables porque les reditúa en su capacidad de comunicación (o satisfacción de necesidades). También puede ser que, por razones que desconocemos hasta hoy, simplemente les parecen fascinantes las combinaciones de alta probabilidad. Al respecto se han hecho experimentos con niños y extensas simulaciones.

El cerebro fetal comienza con una red de conexiones muy simple especificada genéticamente Después de nacer viene la explosión sináptica que cuadruplica el número de sinapsis, y aumenta el tamaño y peso del cerebro, impedido de crecer in útero por el tamaño del canal cervical. El cerebro tiende su propia red de conexiones determinadas por el flujo de impulsos (y su calidad) que circulen durante la gestación y el crecimiento temprano para depurar la plantilla original. De todas las que aparecen la mitad aproximadamente desaparecen pronto. Solo permanecen aquellas que se usan frecuentemente.

Al nacer los bebés solamente oyen una serie de sonidos que no tienen ninguna función o significado en su vida. La repetición frecuente de fonemas relacionados con la lengua materna lleva al establecimiento de conexiones en la corteza cerebral auditiva. Esto, aunado a la correlación de sonidos con imágenes, permite al niño crear y categorizar representaciones mentales de objetos, eventos y relaciones. Al ser estimulados internamente, estos sistemas conjuntan palabras-forma y generan frases que se pueden enunciar.

Hay razones para pensar que el proceso que concreta la estructura externa de una lengua tiene raíces en las propiedades innatas y características de la naturaleza biológica de nuestra especie. La materia prima de la síntesis individual del lenguaje es la lengua que hablan los adultos que rodean al niño, y parece ser el detonador de ese proceso de síntesis Puesto que la estructura latente existe en cada niño y puesto que todos los idiomas deben tener la misma forma interna (aunque se presente un infinito número de variaciones), todos los niños aprenden su lengua materna con la misma facilidad.

Esto es posible porque todos los idiomas están construidos para basarse a los requerimientos ineludibles de los mecanismos cerebrales de procesamiento del lenguaje. La memoria radica en las conexiones sinápticas entre neuronas. Hay quienes piensan que basta la excitación frecuente de una sinapsis para sensibilizarla temporalmente y crear la potenciación a largo plazo precoz. Se crea entonces una memoria a corto plazo.

Para la memoria a largo plazo se requiere que se activen ciertos genes y se sinteticen las proteínas correspondientes. Son pues los genes los que convierten una memoria de corto plazo en una de largo plazo. Cuando varias sinapsis se activan repetidamente o una sinapsis recibe estímulos de alta frecuencia repetidamente aparece la llamada potenciación a largo plazo tardía, que activa los genes que fabrican las proteínas reforzadoras. Esto causa que la sinapsis quede reforzada permanentemente.

Otros piensan que la sinapsis genera una molécula de señalización cuando recibe el estímulo adecuado. Esta viaja al núcleo y activa los genes apropiados y se sintetizan las proteínas necesarias para convertir a la sinapsis. Estas proteínas se distribuyen por toda la neurona pero solo fijan la sinapsis que esta transitoriamente reforzada, y que fue la que envió la molécula de señalización.

De alguna de estas maneras los bebes crean los circuitos de memoria necesarios para aprender la lengua materna. Si su entorno materno es multilingüe, desarrollan los circuitos necesarios para aprender varios idiomas. Vale la pena mencionar que se han detectado posibles dialectos o idiomas regionales en otras especies, tales como delfines y elefantes.

Es interesante especular que la presencia de ruidos frecuentes en el entorno sonoro externo no materno también contribuyen a su reconocimiento por parte del bebe y a la incorporación de esos sonidos ambientales a los circuitos de memoria, incorporándose así a la lengua materna. Si se acepta esta especulación entonces puede pensarse que el entorno sonoro contribuye a la evolución de las lenguas.

Distintos entornos sonoros llevaran a variaciones de la lengua madre. Esto podría explicar la diferencia en la estructura estadística de los idiomas. Y se puede ir más allá. Quizás el origen del lenguaje hablado proviene de esta incorporación del entorno sonoro natural a los circuitos de memoria auditiva de los pre homínidos.

El uso del lenguaje hablado proporciona una ventaja evolutiva a nuestra especie. Posiblemente logramos en el remoto pasado incorporar a nuestro cerebro al entorno, aprovechándolo así de mejor manera.

Lecturas

1. A Bridge Over Troubled Water: Reconsolidation as a Link Between Cognitive and Neuroscientific Memory Research Traditions - Annual Review of Psychology, 61(1):141.
http://www.annualreviews.org/doi/abs/10.1146/annurev.psych.093008.100455

2. A brief history of the house of wisdom.
http://archive.thedailystar.net/newDesign/news-details.php?nid=234148

3. Cherry, K. A Deeper Look Into Human Memory. *About.com Psychology* (2014).
http://psychology.about.com/od/cognitivepsychology/a/memory.htm

4. A Generalized Approach For Connectionist Auto-Associative Memories: Interpretation, Implication Illustration For Face Processing.
http://citeseerx.ist.psu.edu/viewdoc/summary?doi=10.1.1.28.1123

5. A single standard for memory: the case for reconsolidation : Abstract : Nature Reviews Neuroscience.
http://www.nature.com/nrn/journal/v10/n3/abs/nrn2590.html

6. A Small Dose of Toxicology, 2nd Edition - HWT.
http://www.toxipedia.org/display/hwt/A+Small+Dose+of+Toxicology,+2nd+Edition

7. After 100 Years, Understanding the Electrical Role of Dendritic Spines | News | McCormick School of Engineering | Northwestern University.
http://www.mccormick.northwestern.edu/news/articles/2012/12/william-kath-understanding-electrical-role-of-neurons-dendritic-spines.html

8 Amphetamine or cocaine limits the ability of later experience to promote structural plasticity in the neocortex and nucleus accumbens.
http://www.pnas.org/content/100/18/10523

9 An Overview of Memory and How It Works.
http://psychology.about.com/od/cognitivepsychology/a/memory.htm

10 Ancient Scripts: Writing Systems.
http://www.ancientscripts.com/ws.html

11 Are languages shaped by culture or cognition? : Nature News.
http://www.nature.com/news/2011/110413/full/news.2011.231.html

12 attention.
http://www.epistemics.co.uk/staff/nmilton/papers/attention.htm

13 Bacterial Toxins and the Nervous System: Neurotoxins and Multipotential Toxins Interacting with Neuronal Cells.
http://www.ncbi.nlm.nih.gov/pmc/articles/PMC3153206/

14 Beyond counts and shapes: studying pathology of... [Neuroscience. 2013] - PubMed - NCBI.
http://www.ncbi.nlm.nih.gov/pubmed/22561733

15 Bioacoustics of human whistled languages:... [An Acad Bras Cienc. 2004] - PubMed - NCBI.
http://www.ncbi.nlm.nih.gov/pubmed/15258658

16 Bluebrain.
http://bluebrain.epfl.ch/page-52063.html

17 Brain limits.
http://www.merkle.com/brainLimits.html

18 Brain Plasticity and Behavior.
http://www.psychologicalscience.org/journals/cd/12_1/kolb.cfm

19 BraInSitu.
http://www.nibb.ac.jp/brish/indexE.html

20 Bruno Olshausen - Google Scholar Citations.
http://scholar.google.com.mx/citations?view_op=view_citation&hl=en&user=4aqK_74AAAAJ&citation_for_view=4aqK_74AAAAJ:3fE2CSJIrl8C

21 Chunking Definition - Memory Technique.
http://psychology.about.com/od/cindex/g/chunking.htm

22 Cognitive Science: An Introduction to the Study of Mind.
http://www.sagepub.com/textbooks/Book234159

23 Communication Technologies and World History.
http://www.worldhistorysite.com/communication.html

24 Comparative Neuroanatomy and Intelligence | Serendip Studio.
http://serendip.brynmawr.edu/exchange/brains

25 Computational Models of the Neocortex.
http://cs.brown.edu/~tld/projects/cortex/

26 Cortical substrates for exploratory decisions in humans : Nature.
http://www.nature.com/nature/journal/v441/n7095/full/nature04766.html

27 Cracking The Learning Code - Element 24: Associative Learning - the Power of Simultaneous Neural Firing.
http://crackingthelearningcode.com/element24.html

28 Crossmodal attention. [Curr Opin Neurobiol. 1998] - PubMed - NCBI.
http://www.ncbi.nlm.nih.gov/pubmed/9635209

29 CSA - Discovery Guides.
http://www.csa.com/discoveryguides/lang/abstracts_s.php

30 Cyberpatterns - Unifying Design Patterns with Security and Attack Patterns.
http://www.springer.com/computer/security+and+cryptology/book/978-3-319-04446-0

31 Dendritic Spine Plasticity and Cognition.
http://www.hindawi.com/journals/np/2012/875156/

32 Domain Knowledge and Hindsight Bias among Poker Players - Calvillo - 2013 -
Journal of Behavioral Decision Making - Wiley Online Library.
http://onlinelibrary.wiley.com/doi/10.1002/bdm.1799/abstract

33 Early Developments of Art, Symbol and Technology in the Indus Valley Tradition
Print Version.
http://www.scribd.com/doc/53436227/Early-Developments-of-Art-Symbol-and-
Technology-in-the-Indus-Valley-Tradition-Print-Version

34 Educational Psychology Interactive: The Cognitive System.
http://www.edpsycinteractive.org/topics/cognition/cogsys.html

35 Electrical Compartmentalization in Dendritic Spines - Annual Review of
Neuroscience, 36(1):429.
http://www.annualreviews.org/doi/abs/10.1146/annurev-neuro-062111-150455

36 Energy as a constraint on the coding and... [Curr Opin Neurobiol. 2001] - PubMed -
NCBI.
http://www.ncbi.nlm.nih.gov/pubmed/11502395

37 Energy efficiency of information transmission by ... [Biosystems. 2009] - PubMed -
NCBI.
http://www.ncbi.nlm.nih.gov/pubmed/19397950

38 Energy limitation as a selective pressure on the ... [J Exp Biol. 2008] - PubMed -
NCBI.
http://www.ncbi.nlm.nih.gov/pubmed/18490395

39 Escritura Mesoamericana Precolombina. | Humberto García Colomina -
Academia.edu.
http://www.academia.edu/3340229/Escritura_Mesoamericana_Precolombina

40 Evolutionary Biology | Full text | Insights into the evolutionary origins of clostridial
neurotoxins from analysis of the Clostridium botulinum strain A neurotoxin gene
cluster.
http://www.biomedcentral.com/1471-2148/8/316

41 Five Epochs of Civilization: World History as Emerging in Five Civilizations: William McGaughey: 9780960563036: Amazon.com: Books.
http://www.amazon.com/Five-Epochs-Civilization-Emerging-Civilizations/dp/0960563032

42 From Neurons to Neighborhoods: The Science of Early Childhood Development.
http://www.nap.edu/catalog.php?record_id=9824

43 Functional interactions between prefrontal and ... [Cereb Cortex. 2007] - PubMed - NCBI.
http://www.ncbi.nlm.nih.gov/pubmed/17725995

44 Greatest libraries of the ancient world.
http://www.rationalavenue.com/gallery/7-greatest-libraries-of-the-world/

45 Grooming, Gossip, and the Evolution of Language (9780674363366): Robin Dunbar: Books.
http://www.amazon.com/Grooming-Gossip-Evolution-Language-Dunbar/dp/0674363361

46 Hierarchical Temporal Memory Cortical Learning Algorithm for Pattern Recognition on Multi-core Architectures.: Ryan William Price: 9781249840763: Amazon.com: Books.
http://www.amazon.com/Hierarchical-Algorithm-Recognition-Multi-core-Architectures/dp/1249840767

47 Hierarchical temporal memory is the core of our minds.
http://teddybot.blogspot.mx/2011/04/hierarchical-temporal-memory-is-core-of.html

48 History Of Information Technology — Introduction to Information and Communication Technology.
http://openbookproject.net/courses/intro2ict/history/history.html

49 Hopfinger et al., 2000: The neural mechanisms of top down
by Hayden Pacl on Prezi.
http://prezi.com/xs0qlrtwyrmz/hopfinger-et-al-2000-the-neural-mechanisms-of-top-down-at/

50 How Information Is Retrieved From Memory.
http://psychology.about.com/od/cognitivepsychology/a/memory_retrival.htm

51 How Insight Emerges in a Distributed, Content-addressable Memory.
http://arxiv.org/abs/1106.3600

52 How Our Brains Make Memories. *Smithsonian*
http://www.smithsonianmag.com/science-nature/how-our-brains-make-memories-14466850/

53 How Our Brains Make Memories | Science | Smithsonian.

http://www.smithsonianmag.com/science-nature/how-our-brains-make-memories-14466850/?no-ist

54 IEEE Xplore Abstract - "Cognitive" memory.
http://ieeexplore.ieee.org/xpl/login.jsp?tp=&arnumber=1556456&url=http%3A%2F%2Fieeexplore.ieee.org%2Fiel5%2F10421%2F33093%2F01556456

55 Informatics and the Inca.
http://www.sciencedirect.com/science/article/pii/S0268401207000783

56 Sengupta, B., Stemmler, M. B. & Friston, K. J. Information and Efficiency in the Nervous System—A Synthesis. *PLoS Comput Biol* **9,** e1003157 (2013) 57 Information and Efficiency in the Nervous System—A Synthesis.
http://www.ploscompbiol.org/article/info%3Adoi%2F10.1371%2Fjournal.pcbi.1003157

58 Keeping memories sharp : Nature News.
http://www.nature.com/news/2011/110503/full/news.2011.264.html

59 Language Origins: Did Language Evolve Like the Vertebrate Eye, or Was It More Like Bird Feathers?
http://www.csa.com/discoveryguides/lang/overview.php

60 Le Monde Siffle.
http://www.lemondesiffle.free.fr/

61 Learning theory (education).
http://www.princeton.edu/~achaney/tmve/wiki100k/docs/Learning_theory_(education).html

62 Linguistic Hacking.
http://events.ccc.de/congress/2007/Fahrplan/track/Science/2284.en.html

63 Linking neuronal brain activity to the glucose metabolism.
http://www.tbiomed.com/content/10/1/50

64 Los códices y la biblioteca prehispánica y su influencia en las bibliotecas conventuales en México.
http://revistas.unam.mx/index.php/rbu/article/view/24479

65 Hendrix, M. Making Sense of Sensory Systems. *Exchange: The Early Childhood Leaders' Magazine Since 1978* (2010) 66 Making Sense of Sensory Systems, Exchange.
http://eric.ed.gov/?id=EJ881319

67 Memory reconsolidation and extinction have distin... [J Neurosci. 2004] - PubMed - NCBI.
http://www.ncbi.nlm.nih.gov/pubmed/15152039

68 Metabolic cost as a unifying principle governing neuronal biophysics.
http://www.pnas.org/content/107/27/12329.full

69 Neural networks for perceI.
http://www.ncbi.nlm.nih.gov/pubmed/17255023

70 Neural representation of visual objects:... [Curr Opin Neurobiol. 2000] - PubMed - NCBI.
http://www.ncbi.nlm.nih.gov/pubmed/10753793

71 Neuroelectrodynamics.
http://www.iospress.nl/book/neuroelectrodynamics/

72 Neurological channelopathies.
http://www.ncbi.nlm.nih.gov/pubmed/20331364

73 Neurons.
http://users.rcn.com/jkimball.ma.ultranet/BiologyPages/N/Neurons.html#Sensory_neurons

74 Neuroscience of Creativity.
http://books.google.com.mx/books?id=hZtsAAAAQBAJ&pg=PA40&lpg=PA40&dq=Cognitive+Mechanisms+Underlying+the+Origin+and+Evolution+of+Culture&source=bl&ots=YHhoXZRyPO&sig=Dghn_liq4FZIcEyXpR8qYs_OMWw&hl=en&sa=X&ei=PKbqU9akK-rR8AHPt4CwBw&ved=0CDcQ6AEwAw#v=onepage&q=Cognitive%20Mechanisms%20Underlying%20the%20Origin%20and%20Evolution%20of%20Culture&f=false

75 Opposing effects of attention and consciousness on afterimages.
http://www.pnas.org/content/107/19/8883.full

76 Oral Literature in Africa.
https://unglue.it/work/81724/

77 Out of the Mud: Farming and Herding after the Ice Age.
http://www.learningace.com/doc/7730883/3624c36fcd51d55c1a20fc7e6fd743e3/chapter-2-out-of-the-mud-farming-and-herding-after-the-ice-age

78 Phonological and phonetic aspects of whistled languages.
http://journals.cambridge.org/action/displayAbstract?fromPage=online&aid=352667&fileId=S0952675705000552

79 Planting misinformation in the human mind:... [Learn Mem. 2005 Jul-Aug] - PubMed - NCBI.
http://www.ncbi.nlm.nih.gov/pubmed/16027179

80 Preserving The Intellectual Heritage--Intro — Council on Library and Information Resources.
http://www.clir.org/pubs/reports/bellagio/bellag2.html

81 Psychotropic substance-seeking: evolutionary pathology or adaptation?
https://www.zotero.org/djbarney/items/itemKey/BGSGN234

82 Psychotropic substance-seeking: evolutionary pathology or adaptation? - Sullivan - 2002 - Addiction - Wiley Online Library.
http://onlinelibrary.wiley.com/doi/10.1046/j.1360-0443.2002.00024.x/abstract;jsessionid=8DB150C2938716B95E9809804272D4B3.f03t01

83 Publications on (word) frequency theory.
http://www.lsi.upc.edu/~rferrericancho/publications_on_frequency_theory.html

84 Reconsolidation: a brief history, a retrie.
http://www.ncbi.nlm.nih.gov/pubmed/17015851

85 Revealing the paradox of drug reward in human ... [Proc Biol Sci. 2008] - PubMed - NCBI.
http://www.ncbi.nlm.nih.gov/pubmed/18353749

86 Scientists Find Earliest 'New World' Writings In Mexico.
http://www.sciencedaily.com/releases/2002/12/021206074827.htm

87 Semiótica.
http://www.monografias.com/trabajos37/semiotica/semiotica.shtml

88 Semiotics for Beginners by Daniel Chandler.
http://visual-memory.co.uk/daniel/Documents/S4B/semiotic.html

89 Sleep and brain energy levels: ATP changes during... [J Neurosci. 2010] - PubMed - NCBI.
http://www.ncbi.nlm.nih.gov/pubmed/20592221

90 South America's Oldest Writing System: Ancient Quipu Found Caral.
http://archaeology.about.com/od/ancientwriting/a/caralquipu.htm

91 Speech Surrogates: Drum and Whistle Systems: Part 2 (Approaches to Semiotics [as]): 9789027934246: Reference Books @ Amazon.com.
http://www.amazon.com/Speech-Surrogates-Whistle-Approaches-Semiotics/dp/902793424X

92 Statistical Identification of Language.
http://citeseerx.ist.psu.edu/viewdoc/summary?doi=10.1.1.48.1958

93 Structural dynamics of dendritic spines are inf... [Cereb Cortex. 2014] - PubMed - NCBI.
http://www.ncbi.nlm.nih.gov/pubmed/23081882

94 Structure and function of dendritic spines. [Annu Rev Physiol. 2002] - PubMed - NCBI.
http://www.ncbi.nlm.nih.gov/pubmed/11826272

95 Synapses and memory storage.
http://www.ncbi.nlm.nih.gov/pubmed/22496389

96 Synaptic amplification by dendritic spines enhances input cooperativity : Nature : Nature Publishing Group.
http://www.nature.com/nature/journal/v491/n7425/full/nature11554.html

97 Synaptic Energy Use and Supply: Neuron.
http://www.cell.com/neuron/abstract/S0896-6273(12)00756-8

98 Talking drums of Africa.
http://books.google.com.mx/books/about/Talking_drums_of_Africa.html?id=ZH4MAQ
AAIAAJ&redir_esc=y

99 The Arc of synaptic memory. [Exp Brain Res. 2010] - PubMed - NCBI.
http://www.ncbi.nlm.nih.gov/pubmed/19690847

100 The Brain Desynchronized.
http://teachers.yale.edu/curriculum/viewer/initiative_09.06.07_u

101 The Cognitive Electrophysiology of Mind and Brain - ScienceDirect.
http://www.sciencedirect.com/science/book/9780127754215

102 The cortical column: a structure without a function.
http://www.ncbi.nlm.nih.gov/pmc/articles/PMC1569491/

103 The cost of cortical computation. [Curr Biol. 2003] - PubMed - NCBI.
http://www.ncbi.nlm.nih.gov/pubmed/12646132

104 The energetics of CNS white matter. [J Neurosci. 2012] - PubMed - NCBI.
http://www.ncbi.nlm.nih.gov/pubmed/22219296

105 The evolution of lethal intergroup violence.
http://www.pnas.org/content/102/43/15294.short

106 The History of Libraries Through the Ages - Zen College Life.
http://www.zencollegelife.com/the-history-of-libraries-through-the-ages/

107 THE HISTORY OF THE LIBRARY IN WESTERN CIVILIZATION: THE BYZANTINE WORLD - FROM CONSTANTINE THE GRE
TO CARDINAL BESSARION | Konstantinos Staikos.
http://www.oakknoll.com/pages/books/76542/konstantinos-staikos/history-of-the-library-in-western-civilization-the-byzantine-world-from-constantine-the-great-to

108 The House of Wisdom and the legacy of Arabic Science | Royal Society.
https://royalsociety.org/events/2008/house-wisdom-arabic/

109 The Limits of Intelligence - Scientific American.
http://www.scientificamerican.com/article/the-limits-of-intelligence/

110 The Neocortical Column.
http://www.ncbi.nlm.nih.gov/pmc/articles/PMC3383203/

111 The neural mechanisms of top-down attentional control : Nature Neuroscience.
http://www.nature.com/neuro/journal/v3/n3/full/nn0300_284.html

112 The Physiology of the Senses Transformations for Perception and Action Tutis Vilis.
http://www.tutis.ca/Senses/

113 The prefrontal cortex and cognitive control. [N Rev Neurosci. 2000] - PubMed - NCBI.
http://www.ncbi.nlm.nih.gov/pubmed/11252769

114 The selfish brain: competition for energy res... [Prog Brain Res. 2006] - PubMed - NCBI.
http://www.ncbi.nlm.nih.gov/pubmed/16876572

115 There's more to magic than meets the eye: Current Biology.
http://www.cell.com/current-biology/abstract/S0960-9822(06)02331-1

116 Timeline Outline View : HistoryofInformation.com.
http://www.historyofinformation.com/index.php

117 Towards a Simulation of Information Security Behaviour in Organisations - Springer.
http://link.springer.com/chapter/10.1007/978-3-319-04447-7_14

118 Toxic neuropathies associated with pharmaceutic ... [Neurol Clin. 2007] - PubMed - NCBI.
http://www.ncbi.nlm.nih.gov/pubmed/17324727

119 Two Regimes in the Frequency of Words and the Origins of Complex Lexicons: Zipf's Law Revisited | Santa Fe Institute.
http://www.santafe.edu/research/working-papers/abstract/86e256814c1bb3365a4977124d53e2c8/

120 Unconscious determinants of free decisions in the human brain : Abstract : Nature Neuroscience.
http://www.nature.com/neuro/journal/v11/n5/abs/nn.2112.html

121 Using Hierarchical Temporal Memory for Detecting Anomalous Network Activity: Gerod M. Bonhoff: 9781288319954: Amazon.com: Books.
http://www.amazon.com/Hierarchical-Temporal-Detecting-Anomalous-Activity/dp/1288319959/ref=pd_sim_sbs_b_3?ie=UTF8&refRID=1M8EK15GZ4NDW359HRAB

122 Where do accents and dialects come from? - English Language & Usage Stack Exchange.

http://english.stackexchange.com/questions/5815/where-do-accents-and-dialects-come-from

123 WRITING IN SPACE: GLOTTOGRAPHIC AND SEMASIOGRAPHIC NOTATION
TEOTIHUACAN.
http://journals.cambridge.org/action/displayAbstract?fromPage=online&aid=8394303&fulltextType=RA&fileId=S0956536111000046

124 Writing Without Words: Alternative Literacies in Mesoamerica and the Andes.
https://www.dukeupress.edu/Writing-Without-Words/

www.ingramcontent.com/pod-product-compliance
Lightning Source LLC
Chambersburg PA
CBHW070847180526
45168CB00002B/977